Lo que dicen los lectores sobre *Cada día es tuyo*

"A través de su narrativa atractiva y su sincera sabiduría, Jordan nos invita a adentrarnos plenamente en el tiempo presente. En un mundo donde a menudo nos sentimos presionadas para avanzar tan rápido como sea posible, las palabras que llenan estas páginas iluminan esta hermosa verdad: hay una vida plena para vivir aquí y ahora, justo donde nos encontramos. Este libro es una conversación para el alma, como si estuviéramos tomando un café, ¡y puedes estar segura de que te marcharás animada a conquistar cada día de tu vida!".

Morgan Harper Nichols, artista y poeta

"Auténtica, intuitiva y compasiva, Jordan despeja el desorden de nuestra mente y corazón a la vez que nos guía con entusiasmo a descubrir nuestro propio y auténtico propósito. En el camino, aprenderemos que nuestro propósito es accesible, ya que se trata menos de nosotras y más de convertirnos en un lugar seguro para los demás, para que podamos producir un impacto en aquellos que nos rodean".

Jessica Honegger, autora, fundadora
y codirectora de Colección Noonday

"Existen esos libros raros que te encuentras de vez en cuando y que te hacen sentir como si estuvieras bebiendo de un hidrante. Este es _____ ña con lucidez, alienta y convence, ¡todo al mismo tiempo! Alyssa y yo estamos tan agradecidos por su buena disposición para plasmarlo todo aquí, en estas páginas, y para llevarnos a un propósito más firme y prometedor".

Jefferson Bethke, autor del *best seller*
Jesus > Religion y de *It's Not What You Think*

"Jordan ofrece una perspectiva refrescante, cercana e inspiradora sobre cómo descifrar el propósito de Dios con respecto a lo que debes hacer y ser. Cada capítulo está repleto de historias poderosas y verdades que te ayudarán a superar cualquier temor que esté reteniéndote y cualquier mentira que esté robándote la alegría, y así puedas descubrir y cumplir tu propósito. Este libro te encontrará justo donde estás para darte un enorme abrazo y también una patadita en el trasero".

Audrey Roloff, coautora de *A Love Letter Life*,
fundadora de Always More y cofundadora de
Beating50Percent

"Jordan está llena de una alegría contagiosa y este libro es solo un poco de lo mucho que desborda. Prepárate para ser desafiada y amada al mismo tiempo".

Jennie Allen, autora de *Nada que demostrar*,
fundadora y visionaria de IF:Gathering

"Me encanta que Jordan hable de cómo el inmenso enfoque en encontrar nuestro propósito a menudo nos distrae de disfrutar el presente y de llevarlo a cabo en nuestra vida cotidiana. Siendo alguien que batalla con el perfeccionismo, me identifico mucho con la idea de la presión interna que nos imponemos para alcanzar metas y tener éxito. *Cada día es tuyo* me dio el mayor estímulo para ser yo misma".

Lauren Scruggs Kennedy, líder de opinión, escritora, empresaria

"Jordan realmente tiene una sabiduría más allá de sus años, y este libro está plagado de formas prácticas y bellas de vivir el propósito que Dios nos dio. Desde el principio, el corazón de Jordan se deja ver y su franqueza es tan refrescante que uno se puede sentir identificada con ella. ¡Este libro será un regalo para las mujeres!".

Christy Nockels, cantante, compositora y creadora del *podcast The Glorious in the Mundane*

"Jordan es maravillosamente cándida y vulnerable acerca de cómo encontró su propósito redentor definitivo a pesar de los obstáculos mundanos del rechazo, la comparación y las expectativas. Ella se sumerge en nuestros corazones revelándonos tanto sus lágrimas como las historias divertidas de su fe, desde la infancia hasta el tiempo presente. Te sentirás identificada con cada página; es un libro profundo y, a la vez, bellamente simple".

Sarah Rose Summers, Miss USA 2018

"Me encanta la manera en que Jordan hace que el tema de encontrar tu propósito sea una dulce conversación, en oposición a algo siniestro, imposible y atemorizante. Sus anécdotas extravagantes nos recuerdan que estamos todas en el mismo viaje y que nuestros días están llenos de momentos aparentemente aleatorios que son realmente guiños del cielo. Cada recordatorio sobre quién eres, de quién eres y por qué estás realmente aquí, es un abrazo dado a tiempo, combinado con un suave tirón de orejas. Si eres una perfeccionista en recuperación que tiende a complicarse demasiado y a ser excesivamente analista, *Cada día es tuyo* te invita a hacer una pausa. Jordan nos recuerda que, incluso en medio del desorden y la imperfección, ya estamos completas. Estas páginas son un llamado a dejar de esforzarse y de buscar respuestas externas y, en cambio, comenzar a mirar adentro. Cuando lo hagamos, ¡estaremos inmersas en la aventura de la vida!".

Marshawn Evans Daniels, estratega de reinvención para mujeres, personalidad de TV y fundadora de SheProfits.com

CADA DÍA ES TUYO

CADA DÍA ES TUYO

SUPERA LAS EXCUSAS Y LOS MIEDOS...
¡Y CUMPLE TU PROPÓSITO EN LA VIDA!

JORDAN LEE DOOLEY

ORIGEN

Título original: *Own Your Everyday*
Esta traducción es publicada bajo acuerdo con WaterBrook, sello editorial de Random House, una division de Penguin Random House LLC

Primera edición: agosto de 2019

© 2019, Jordan Lee Dooley
© 2019, Penguin Random House Grupo Editorial USA, LLC.
8950 SW 74th Court, Suite 2010
Miami, FL 33156

A menos que se indique lo contrario, todas las citas bíblicas se tomaron de la Nueva Versión Internacional (NVI) * © 1999, 2015 por Biblica, Inc.* Usado con permiso de Biblica, Inc.*
Reservados todos los derechos en todo el mundo.

Traducción: María José Hooft
Adaptación del diseño de cubierta de Kelly L. Howard:
Penguin Random House Grupo Editorial
Fotografía de la autora: Lindsey Plevyak

ISBN: 978-1-644730-62-1

Impreso en Estado Unidos – *Printed in USA*

Penguin
Random House
Grupo Editorial

Gracias, Nana, por enseñarme que nunca debo dejar de dar pasos gigantes.

Índice

Tu quebranto es bienvenido *aquí*

¡Hola amiga! Mi nombre es Jordan y soy una perfeccionista en recuperación con una necesidad crónica de alcanzar logros. Supongo que siempre es mejor empezar siendo sinceras.

Ahora bien, sé que probablemente estés tratando de decidir si vale la pena gastar tu tiempo en este libro. De modo que voy a decirte de entrada por qué lo escribí y por qué razón creo que es importante que lo leas.

La pregunta número uno que me hacen las lectoras de mi blog, las oyentes de mis *podcasts*, mis seguidoras en las redes sociales y hasta algunas clientas, es algo más o menos así: "¿Cómo encuentro mi propósito?" o "¿Cómo averiguo lo que se supone que debo hacer en esta vida?". Todas esas mujeres son diferentes. Algunas están en medio del cambio que significa tanto comenzar la universidad como graduarse, se están abriendo camino en el matrimonio o la maternidad, o incluso encontrando su lugar en el mercado laboral. Esas mujeres están dando pasos para establecerse en este enorme mundo, pero sienten la presión de saber exactamente dónde aterrizar, ¡y de saberlo tan pronto como sea humanamente posible!

Algunas veces cuando me hacen esta pregunta, quiero atravesar la pantalla, agarrar a alguien por el cuello y decirle: "Muchacha, cálmate. No necesitas tenerlo todo planeado hoy mismo, ¿de acuerdo? Y aun si lo tuvieras, probablemente aparecería algo más que sacudiría esos planes mañana. Así que, ¡date un respiro!".

Lamentablemente, todavía no se ha inventado el dispositivo para traspasar la pantalla, así que este libro es mi mejor intento. Todas queremos dejar nuestra huella, encontrar lo que nos distinga en medio de la muchedumbre y descubrir lo que hace que nuestra vida sea especial, única e incluso destacable. Al menos yo sí lo quiero… y también las mujeres que acuden a mí y me hacen esas preguntas. Me inclino a pensar que tú también.

Ahora quiero dar un paso más y hacerte una pregunta: ¿alguna vez sientes la presión por encontrar tu propósito o encontrar la razón por la que estás en esta tierra y que haga que tu vida valga la pena?

Claro que sí.

Parece que dondequiera que miro, todos están diciéndonos que "persigamos nuestros sueños" o "encontremos nuestro propósito". Eso es fantástico y muy inspirador, pero ¿qué hay acerca de las que todavía no sabemos cuáles son nuestros sueños y aspiraciones, y ni siquiera tenemos nuestros planes perfectamente trazados?

En la cultura de hoy hay mucha presión por saber nuestro futuro o para empezar a realizar nuestros sueños. Incluso en un sermón de domingo, escuchas acerca de que necesitas encontrar tu llamado. Pero las que no hemos ni siquiera empezado a descifrar todo esto comenzamos a sentirnos fracasadas. Parece que deberíamos haberlo descubierto cuando terminamos la escuela, si no antes.

Con sinceridad, considero que esta presión y toda la perspectiva al respecto son un tanto peligrosas, porque implican que el propósito es algo que es preciso buscar, encontrar, agarrar, ya sea un empleo, un título, una carrera o un negocio. Temo que hemos reducido el propósito a lo que hacemos en lo exterior en vez de concebirlo como lo que somos en el interior. ¿El propósito incluye lo que hacemos? Definitivamente. Sin embargo, a menudo me pregunto si lo hemos confinado a *solamente eso* y, como resultado, nos quedamos estancadas en nuestra cabeza cuando no sabemos qué hacer a continuación. Es decir, ¿qué hay acerca de las que poseemos múltiples pasiones, ideas variadas y sueños que aún no hemos descifrado?

Con mucha franqueza, la mitad de los sueños cambian de domingo a martes en una semana cualquiera. Por supuesto que abrigo grandes ideas, pero algunas veces es difícil determinar si son simples ideas que *podría* realizar o actividades que, en realidad, *tendría* que hacer. Tal vez te sientas identificada con este sentimiento. O tal vez todo aquello que has estado persiguiendo eran los sueños de otras personas para ti —o expectativas acerca de ti— y el peso de ellas te está doblando. Quizá la razón por la que te has sentido un poco estancada es porque te has puesto demasiada presión para solucionarlo.

¿Conoces esa sensación que sobreviene al desplazarte hacia abajo en la pantalla de Instagram y parece que todo el mundo tiene su vida resuelta? ¿O cómo empiezas a sudar cuando la graduación o el matrimonio u otro gran tema se acercan y piensas: *TENGO que resolver mi vida*? ¿O cómo se te hace un nudo en el estómago cuando te llama tu papá en esos años después de graduarte y te pregunta acerca de tus planes para el futuro? ¿O cuando tu pastor habla sobre llamados y estás sentada allí deseando poder llamar a Dios y decirle: "Hey, Dios, ¿no crees que podrías apurarte un poco y decirme qué hacer con mi vida? Toda esta espera me hace sentir como una incompetente".

Sí, son esos sentimientos los que abordo en este libro, porque sé que la búsqueda puede parecer eterna y la presión es real.

Si bien no sé lo que estás enfrentando hoy, sí sé que la presión por demostrar quiénes somos nos puede hacer gastar un montón de tiempo y energía buscando nuestro propósito, pero quizá sin hacerlo realidad.

De hecho, cuando comencé a examinar la presión que sentí hasta encontrar mi propósito, descubrí algo: tal vez el propósito no es en realidad algo que necesito *encontrar*. Tal vez estuve sentada encima de él todo este tiempo, pero estaba tan distraída por la presión de demostrar algo, que lo busqué mal.

Cuando estamos siempre bajo la presión de encontrar algo que *en verdad no está perdido* —creyendo que debemos encontrarlo fuera de nosotras— o cuando estamos distraídas corriendo alrededor, tratando de demostrar que nos bastamos a nosotras mismas, no podemos lograr lo que se supone que debemos. ¿Sabes por qué? Porque *la presión de tener que demostrar quiénes somos* y *el verdadero propósito* no pueden coexistir.

Cuando examino mi vida más de cerca, encuentro un trío tóxico compuesto por inseguridades, expectativas y la presión por demostrar. Cuando les otorgué demasiado poder, permití que crearan obstáculos o barreras mentales que me retenían y me desviaban del camino hacia lo que verdaderamente importa. Algunos de esos esquemas mentales en los que quedaba detenida incluyen el síndrome del impostor, desilusión, vergüenza, comparación, perfeccionismo y distracción. Cuando actúo desde esas perspectivas, no amo como debería hacerlo. No me percato de los momentos divinos a los que Dios me invita. No trabajo bien aunque trabaje duro. Y la lista continúa.

Me retraigo. Soy la culpable aquí. Sí, soy yo —no las expectativas de otros sobre mí, ni la falta de conocimientos, recursos o aptitudes— la que me privo de vivir una vida llena de propósito. En otras palabras, en general es mi mentalidad, no mis habilidades, lo que me reprime.

Sin embargo, cuando lucho arduamente para realinearme con mi verdadero propósito, para prepararme para los desafíos de la vida y armarme de la perspectiva que se necesita para vencer la presión (en vez de simplemente evitarla o ignorarla), todo cambia.

Todavía no tengo todo resuelto, pero he descubierto algunos pasos prácticos para superar esas barreras y vivir mi propósito, y deseo transmitírtelos.

Creo que es importante conversar al respecto por varias razones. Concretamente, muchas veces vemos barreras como la comparación y el perfeccionismo como impedimentos para lograr el propósito, pero yo estoy aquí para decirte que *el propósito es precisamente la salida de las trampas en las que estamos estancadas.*

Así que, este es mi plan: en estas páginas te mostraré algunos pasos simples para vencer la presión de tener que demostrar tu valor, canalizando *el propósito que ya tenemos aquí donde nos encontramos*, a pesar de las circunstancias, luchas y reveses de la vida. Cuando termines de leer este libro, habrás tenido momentos reveladores a medida que vayas identificando los puntos ciegos y los hábitos improductivos que quizá nunca antes habías notado que conviven contigo. Contarás con herramientas prácticas para tomarlas en tus manos; herramientas que te ayudarán a salir de vivir bajo la presión de demostrar quién eres y te permitirán entrar a una vida de propósito.

Mi objetivo es que este recurso no solo te dé una suave patadita en el trasero, sino que también lo sientas como un cálido abrazo o una charla con tu mejor amiga (y que quieras compartirlo también con todas las demás).

Juntas vamos a salir del estancamiento. Vamos a dejar de culpar a todo y a todos por lo que no salió bien y empezaremos a asumir la responsabilidad por nuestra vida en el lugar en que nos encontramos (sin la presión de controlar o tener todo resuelto). Y por encima de todo lo demás, vamos a dar pasos prácticos para vencer la presión y caminar de acuerdo con este propósito que estamos buscando. No me importa de dónde vienes, lo que crees o lo frustrada que puedas estar. Eres bienvenida aquí tal como eres. No tienes que ser genial. No tienes que incluir un currículum impresionante, un nivel de ingresos dado o cualquier otro símbolo de estatus social. Solo tienes que dar pequeños pasos conmigo.

¿Estás lista para hacer lo que sea necesario con el fin de vivir una vida intencional? ¿Lista para echar afuera las viejas inseguridades, expectativas y la presión de demostrar tu valor, para simplemente poder empezar a ser como tú eres? Hagámoslo juntas.

¿Por dónde empiezo?

CAPÍTULO 1

No puedes *traspasar* los muros

Hay algunos datos que deberías saber acerca de mí: no me gradué de nada. No he salvado a nadie de un edificio en llamas recientemente (ni nunca). Una vez tuve una gallina llamada Pickle (digo *tuve* porque hace poco fue escoltada al cielo de las gallinas, gracias al no tan amigable búho que es nuestro vecino). Mi talento preferido es aplaudir con una sola mano (lo que me hace lucir un tanto ridícula cuando agito una sola mano en el aire). Con mucha sinceridad, soy un ser humano bastante común.

Solo quiero asegurarme de que estamos en la misma sintonía, porque fueron muchas las veces en las que abrí un libro pensando que la autora se calza los pantalones de una manera distinta a la mía, como si fuera una sabelotodo, en vez de un ser humano común e imperfecto como yo. ¿Por qué hacemos eso? ¿Por qué vemos escritos los nombres de personas en la tapa de un libro o su rostro en la televisión o nos hacemos seguidoras de sus redes sociales y entonces nos invade esa extraña idea de que son mejores que nosotras?

Yo lo hice y estoy segura de que tú también. Entonces, permíteme ajustar tus expectativas en este punto. No estoy tratando de ser tu pastora o tu profesora o consejera. Soy tu amiga. Nos ponemos los pantalones de la misma forma. Y espero que te sientas como si estuvieras sentada en el suelo comiendo pizza conmigo, las dos en pijama, y no como si yo te estuviera hablando parada detrás de un atril.

Solo para que te imagines la escena: estoy ahora mismo sentada en la mesa de mi cocina, usando unos calcetines disparejos y una camiseta demasiado grande. (A veces cuando te colocas en ese rol de escritora, simplemente aceptas ese *look* de duende para el día y te metes en tu cueva). No es precisamente glamur lo que abunda por aquí.

Esa es precisamente la cuestión, supongo. ¿Quién dice que tenemos que ser glamorosas para salir y hacer lo que nos toca? ¿Quién dice que nuestra historia debe ser genial para adentrarnos en algo mucho más grande que nosotras mismas? Esa narrativa termina aquí mismo. Quizá si dejamos de asumir que nuestros talentos son insulsos o nuestras historias son aburridas o que tenemos que ser sorprendentes para causar impacto y, en vez de eso, miramos un poco más profundo, encontraremos algo más poderoso que solo lo que alcanza a ver el ojo humano.

Dicho esto, incluso si eres más genial que yo y *sí* has salvado a alguien de un incendio o ganado un Premio Nobel de la Paz, todavía pienso que podemos ser amigas. Creo que nuestras experiencias pueden ser distintas y, aun así, básicamente luchar contra lo mismo: inseguridades, expectativas no alcanzadas y la presión de tener que demostrar nuestro valor. He estado tan envuelta en etiquetas y expectativas que casi me pierdo a mí misma. Si algo de esto resuena en tu interior, toma asiento y prepárate para una charla de doscientas páginas.

Ahora que hemos encontrado algún terreno en común en nuestra mutua humanidad, quiero comenzar a contarte mi historia con uno de mis recuerdos más tempranos y valiosos.

Un paso gigante

Hay un recuerdo en particular que es tan vívido que casi puedo percibir el olor de las tortillas de maíz cociéndose sobre la hornilla y escuchar el acento hispano de Nana, mi abuela. Aunque han transcurrido décadas desde entonces, todavía me acuerdo de los juegos que jugaba con mi abuela en su pequeño apartamento de una sola habitación. Me encantaban esos momentos en que estábamos las dos solas, y ella preparaba mi comida favorita y jugábamos hasta altas horas de la noche. (El tiempo de ir a la cama no existía cuando me quedaba a dormir en la casa de Nana).

Una noche, mientras jugaba con mis muñecas sentada en el suelo, Nana tomó un rollo de cinta adhesiva, arrancó un pedazo largo y lo pegó al tapete marrón que estaba junto a mí. Puso otro y luego otros más, hasta que varias piezas largas formaron un cuadrado un poco disparejo alrededor de mi cuerpo de seis años.

—¡Cha-chán! —dijo—. ¡Es una casa, mi preciosa Jordan!

Un hueco, un espacio vacío en uno de los laterales, marcaba la puerta de entrada y salida a nuestra casa imaginaria. Pasábamos esquivando las líneas que formaba la cinta a modo de paredes. ¿Por qué? Porque no podemos atravesar los muros.

Siempre me sorprendo cuando pienso en el hecho de que estos juegos simples e insignificantes de la niñez contenían poderosas lecciones. Las puertas son esenciales para la vida; son la única manera en que les permitimos a los demás entrar y la única forma que tenemos de salir. También son la única forma de atravesar las pequeñas paredes que tendemos a construir a nuestro alrededor en un esfuerzo por evitar la vulnerabilidad o la posible traición. Tal vez en nuestras experiencias más simples e inadvertidas, así como la mía con Nana, aprendemos más sobre el propósito que está alojado en lo profundo de nuestro interior que en los momentos descollantes que publicamos en las redes sociales.

Ese es solamente uno de los juegos de fantasía que jugábamos mi Nana y yo. En nuestro mundo encantado, tal como esa casa hecha de cinta adhesiva, yo disponía de un santuario en el cual soñar. Tenía un lugar seguro para ser todo lo que imaginara ser, y me encantaba.

Allí fue donde se originó mi apodo, Chispita. Admito que es un apodo horrendamente vergonzoso. Pero era curiosamente preciso. Yo quería brillar, destellar, ser hermosa y, sobre todo, ser vista. ¿Acaso no queremos todas lo mismo?

Nana y yo solíamos intercambiar roles cuando jugábamos juegos de mentirillas. A veces ella fingía ser la niña y yo era la abuela. Otras veces, ella era la comensal y yo la cocinera. En esta ocasión yo era la paciente y ella la enfermera.

—Toc, toc —dijo. Estiré la mano y actué como si estuviera abriendo la puerta, recibiéndola en mi clínica. Ella extendió su pierna de manera dramática y pasó por la puerta (el hueco entre las paredes de cinta). Yo sabía lo que seguía.

—¡Paso gigante! —dijimos al unísono.

"Paso gigante" era nuestro código, nuestra pequeña tradición. Nana me estimulaba cuando iba al jardín de infantes caminando a mi lado, tomando mi mano y enseñándome a dar una gran zancada. El paso gigante se convirtió en parte de casi todos los juegos que jugábamos. No hacíamos nada sin dar pasos agigantados, pasos firmes y sin miedo. Juntas levantábamos cada una el pie del suelo y de manera simultánea extendíamos nuestra pierna derecha al grito de: "¡Paso gigante!".

Cuando las plantas de nuestros pies tocaban el piso por delante de nosotras, celebrábamos, a menudo, bailando una cancioncita divertida que Nana improvisaba en el momento. En otras ocasiones, chocábamos los cinco y, cuando mamá no estaba mirándonos, Nana me entregaba a escondidas algunas de mis golosinas preferidas o gomitas con forma de osito, como diciendo: "Bien hecho, pequeña".

Paso gigante.

Incluso en los años de mi adolescencia, la dulce Nana susurraba esa frase cada vez que me sentía atemorizada o insegura. Cuando me puse nerviosa en la escuela secundaria porque me había tocado representar el papel de uno de los Umpa Lumpa en la obra de teatro *Charlie y la fábrica de chocolate*, ella deslizó su mano arrugada junto a la mía, que estaba pintada de color naranja, y me guiñó un ojo como recordándome la contraseña: paso gigante.

Antes de poder captar siquiera la profundidad de lo que en verdad me estaba enseñando, Nana me animó a soñar, a seguir con audacia el camino que Dios pone delante de mí y a dar pasos seguros con propósito *antes* de que yo pudiera entender algo más.

Un paso gigante. Eso es todo lo que hizo falta para proporcionarme el valor y el coraje de llegar un poco más lejos y de caminar con un poquito más de confianza cuando era una jovencita. Todavía creo que eso es todo lo que precisamos tú y yo: un paso gigante. A primera vista, esta idea puede sonar como un cliché: estúpido y sin sentido. Pero creo que a menudo olvidamos que cada paso gigante en la vida es en realidad una serie de diminutos movimientos y pequeñas decisiones que se suman, convirtiéndose luego en aquello que, precisamente, nos permite pasar de vivir en inseguridad a vivir plenamente nuestro destino.

El último paso gigante

Algunos años más tarde, Nana se enfermó gravemente. Había estado enferma por un tiempo cuando la encontré, un martes por la tarde, golpeando sus manos con violencia contra una pared, perdida y confundida, tratando de escapar del hogar de ancianos en que estaba, el lugar que la mantenía sana y salva. Resulta que, en realidad, uno no puede atravesar las paredes aunque lo desee. La rodeé con mis brazos para calmarla, pero ella no me reconoció. Una enfermera vino al rescate. Tragué saliva y, con un nudo en la garganta, contuve las lágrimas. Nana siempre había sido mi refugio cuando tenía miedo de pequeña. Pero ahora, aunque yo había tratado de ser un lugar seguro para ella, cuando traté de abrazarla con un abrazo protector y ser su refugio en medio del temor, ella no me reconoció.

Como ella solía decir: "¡Oh, cielos!".

Finalmente, logramos tranquilizarla y se sentó. El Alzheimer le estaba ganando la batalla a su mente y, de algún modo, también se las arreglaba para quebrar mi espíritu. Entonces, la enfermera me alcanzó una taza de compota de duraznos y me preguntó si quería darle de comer a mi abuela.

¿Me está hablando en serio? No, no quiero darle de comer. Se supone que ella me tiene que alimentar a mí, quería responderle.

Pero no lo dije. Con amabilidad tomé la taza de plástico y le pedí a Nana que abriera la boca, tal como ella lo había hecho conmigo hacía muchos años. Mi mente era un torbellino. *¿Esto es la vida real? ¿Qué está sucediendo?* ¿Qué se hace cuando una de tus mejores amigas, una de tus heroínas de la niñez, la única que jugaba a estar enferma para que tú pudieras simular ser su doctora y curarla, se enferma de verdad?

¿Cómo te las arreglas cuando los roles que jugaste en esa casa imaginaria hecha con cintas se vuelven realidad? ¿Cómo lidias con la desilusión cuando esperabas que esa persona reconociera tu rostro, pero no es capaz de hacerlo?

Yo no sabía. Mi corazón de diecisiete años no tenía idea. Busqué en cada centímetro de mi ser y no obtuve una respuesta que valiera más que aquel viejo rollo de cinta adhesiva. Quizá ya sepas cómo se lidia con dolores como estos. La clase de situaciones que parece que no podemos controlar, la espiral descendente de remordimiento, enfermedad o dolor.

La mirada se pierde en esa taza de duraznos buscando respuestas, esperando que, de algún modo, el daño pueda revertirse, y preguntándonos dónde rayos está esa luz al final del túnel.

Un año más tarde, acababa de empezar mi primer año en la Universidad de Indiana cuando mamá me llamó para decirme que Nana había dado un giro para peor. No le quedaba mucho tiempo y era el momento de decirle adiós.

Adiós: una palabra que se usa para separarse. ¿Cómo es posible que la misma palabra que utilizamos para finalizar una llamada telefónica sea la que susurremos cuando estamos a punto de separarnos de alguien que se está deslizando hacia la eternidad, una separación marcada por la realidad de que ya no podremos volver a llamarnos? Cuando estamos a punto de ser divididas por paredes en las que no podemos dejar un hueco, como lo hacíamos con la cinta adhesiva sobre el suelo. Nana estaba a punto de dar un paso gigante a la eternidad, pero esta vez yo no podría agarrarla de la mano para hacerlo juntas.

Hice mi maleta, cerré con llave mi dormitorio en la facultad, me subí al auto que Nana me había regalado y lloré lágrimas teñidas de rímel mientras conducía camino a casa. Me las arreglé de algún modo para conducir a pesar de mi visión borrosa.

Cuando llegué al hogar de ancianos, encontré a mi mamá sentada al lado de mi abuela. Me dejé caer junto a ella y luego me incliné para besar a Nana en la pálida frente, sabiendo que sería la última vez que lo hacía. A las pocas horas, ella dio ese paso gigante hacia la eternidad, dejándonos atrás. El corazón que le había dado tanta luz y amor a mi tierno corazón ya no latía más. Los ojos de mi mamá se llenaron de lágrimas cuando la abracé con fuerza.

Ella me envolvió en un abrazo, como para sacarnos la tristeza a las dos de un apretón. Llevar cargas de los demás es algo así: inclinarse, permitir que el dolor de otro salte de su corazón al nuestro. Significa convertirse en un escudo para alguien, a menudo cuando nuestro propio corazón casi no late. Pero hay consuelo en eso. Hay propósito en eso.

Propósito. Hay un profundo propósito en simplemente tratar de acercarte a los demás y de entenderlos; en entrar de lleno en sus luchas, en vez de alejarte de ellas, y sobrellevarlas juntos. A veces podemos ser muy prontas a ofrecer palabras de consuelo y a secar las lágrimas de alguien cuando, en realidad, lo mejor que podemos hacer es dejar que las lágrimas corran e incluso absorberlas. Llevar las cargas de los demás no significa resolverlas; significa no dejar que la otra persona empuje la carreta sola.

Nos sentamos allí, mamá y yo, y nuestros lagrimones también. Lo único que quería era conseguir un rollo de cinta adhesiva y envolverla alrededor de mi corazón para impedir que se desarmara. Y tal vez eso fue lo que empecé a hacer. Quizá es lo que todos hacemos a veces.

Las paredes eran solamente de fantasía

Cuando todas las visitas, los relatos, las risas y lágrimas concernientes al funeral de Nana cesaron, regresé a la universidad e intenté hacer la transición a la vida estudiantil y aprendí todo lo que viene aparejado con la vida adulta por primera vez. Ese es un desafío en sí mismo.

En medio de una temporada de transición algo incómoda, perder a Nana le agregó un ingrediente extra para el cual no estaba preparada. Así que los próximos meses los pasé tratando de rodear mi vida con todo aquello que pensaba que me mantendría en pie, lo que creía que me daría fortaleza y seguridad cuando sentía como si me estuviera derrumbando. Logros académicos. Un novio. Posiciones de liderazgo y enriquecer el currículum. El paquete completo.

Era como una estrategia para distraerme de la angustia. Pensaba que si llenaba mi vida con suficientes acciones buenas, tapando los sentimientos interiores de inseguridad con parches externos, quizá la tristeza se iría algún día. Razonaba que tal vez la imagen que me construía por fuera de algún modo me haría sentir mejor por dentro.

Con el tiempo, me convertí en la chica que le seguía el ritmo a la multitud un viernes por la noche y aun así podía presentar un examen a las ocho de la mañana del lunes, todo eso mientras hacía malabares con ocho millones de actividades extracurriculares, tenía un trabajo de tiempo parcial y entrenaba para un medio maratón. ¿Por qué no?

Cuando escuchaba la palabra *etiquetas,* inmediatamente pensaba en algo negativo. Cuando miro en retrospectiva a ese tiempo, es obvio que el manejo de la reputación y de la imagen no es más que pegarse un montón de etiquetas y títulos y suponer que otros las percibirán como algo positivo.

Etiquetas como "la chica lista" o "la chica saludable" o "la estudiante de posgrado" pueden darnos un sentido de confianza por la forma en que los demás nos perciben. No obstante, también pueden generar una presión al sostener las expectativas percibidas que vienen junto con esas etiquetas. Si eres "la chica lista", es mejor que no saques una mala calificación en ese examen. Si eres "la chica saludable", más te vale que no te comas ese pastel. Cualquiera que sea la etiqueta, tratar de sostener lo que creemos que debemos ser genera un montón de presión. Claro que yo no lo sabía en ese tiempo. Pensaba que lucir fuerte equivalía a serlo (te doy un adelanto: eso no siempre es verdad).

Esas etiquetas detrás de las cuales vivía eran como esas cintas dentro de las cuales yo jugaba cuando era pequeña. Detrás de ellas me podía esconder del mundo y mantener mis inseguridades en secreto.

Pero esas paredes de cinta adhesiva en realidad nunca me mantuvieron a salvo. Eran solamente cinta. Eran solamente de fantasía, después de todo. Y tal vez lo mismo sea cierto para las etiquetas que nos ponemos y las cajas en las que nos quedamos estancadas. Quizá sean solo producto de nuestra mente.

CAPÍTULO 2

¿Qué es lo que *en verdad* buscas?

Dato curioso: cada vez que me siento insegura o confundida, busco aceptación. Es verdad. Recuerdo el segundo semestre de mi segundo año de universidad, casi un año después del fallecimiento de Nana. Estaba empezando a desear un lugar al cual pertenecer, algo así como el que ella me había dado en mis pequeñas casas hechas de cinta cuando era niña, y decidí hacer algo que nunca pensé que haría: unirme a una hermandad.

Cuando me inscribí para el reclutamiento, no estaba muy segura sobre qué debía esperar, pero, más que nada, deseaba encajar en el grupo. Quería encontrar una casa de hermandad en la cual poder acurrucarme dentro y disfrutar del sentido de pertenencia que suponía que me daría.

El primer día, mi Rho Gamma, o líder de reclutamiento, me entregó un calendario que decía dónde debía estar y cuándo. Junto con miles de otras chicas esperanzadas, todas en una competencia tácita por un número limitado de plazas, me hicieron ir a cada una de las casas de hermandad que había en el campus. Yo estaba animada, tenía que poner mi mejor sonrisa y recordar no hablar de temas serios como religión o política.

Cuando llegué a la primera casa, me deslicé entre una fila de chicas que estaban esperando a que las hermanas de la fraternidad abrieran la puerta. Docenas de jovencitas hermosas estaban paradas delante de mí y otra docena hacía fila detrás de mí.

Era un día nevoso de enero y todas, excepto yo, parecían haber recibido una nota avisando que había que ponerse la chaqueta negra larga que estaba de moda ese año. Yo, por otra parte, lucía una chaqueta rosada inflada que le sentaba mejor a una colegiala de diez años con pantalones para la nieve y un nuevo trineo en la mano, que a una chica universitaria con el cabello rizado y tacones altos tratando de parecer sofisticada.

¿Alguna vez estuviste en una de esas situaciones en las que estás lista para una fiesta o evento, pensando que estás a la altura de ellas, solo para entrar y comprobar que todos los demás recibieron la nota sobre el código de vestimenta formal? Y entonces piensas: *Bueno, ahora sí me siento como un saco de patatas. ¡Grandioso! Esta es la historia de mi vida…*

Miré de nuevo mi chaqueta rosada y mi mente comenzó a volar.

Todas estas chicas están usando atuendos mucho mejores que el mío. ¿También tendrán una mejor personalidad que yo?

Me veo ridícula. ¿Cómo salgo de este lugar sin que se den cuenta?

Probablemente ni siquiera entre. ¿Qué hago aquí, después de todo?

Antes de tener siquiera la oportunidad de responder todas esas preguntas en mi mente, la puerta delantera se abrió y docenas de chicas saltaban perfectamente acopladas mientras cantaban al unísono una canción sobre cuán grande era su grupo. Cuando terminó el canto, el mar de hermanas de la sororidad se dispersó y nuestra fila de nuevos miembros potenciales —nos llamaban PNM[i], aunque al principio pensé que nos decían PMS[ii]— inundó la casa.

Dos chicas hermosas me invitaron a tomar asiento en uno de los sofás afelpados en la sala de estar formal, la cual ostentaba columnas de mármol y estantes empotrados. Este lugar era fantástico. Fantástico con *F* mayúscula.

Una de ellas rizaba su cabello al tiempo que hacía una pregunta tras otra, mientras que la otra chica escuchaba atentamente, interrumpiendo de vez en cuando. Deseaba tanto ser tenida en cuenta, que sentía la presión de demostrar que

---

[i] *N. de la T.*: PNM, Potential New Member [nuevos miembros potenciales].

[ii] *N. de la T.*: PMS hace referencia al síndrome premenstrual.

yo era como ellas y que podía encajar bien en su grupo. Les recité de un tirón todo aquello que hacía en el campus, mis logros académicos y mis metas filantrópicas.

Entre nosotras, en ese entonces, mi entendimiento de lo que significaba la *filantropía* era muy escaso, pero creo que represente bastante bien mi papel porque ellas parecieron no darse cuenta.

Soy una persona bastante torpe, así que mientras intentaba parecer alguien genial y con la vida resuelta, me encontré preguntándome si acaso ellas notarían mi torpeza escondida detrás de mi sonrisa de lápiz labial.

Luego, sonó una campana y todas las PNM salimos de la casa y, con una corridita temblorosa sobre nuestros tacones, nos dirigimos a otra casa al otro lado del campus para hacer la fila y ser entrevistadas de nuevo. Imagínate a Bambi resbalándose y cayendo sobre el hielo (con el agregado del lápiz labial y una chaqueta inflada color rosa). Esa era yo.

Encima de eso, solo disponíamos de veinte minutos entre una ronda y otra, así que, en un momento dado, me encontré corriendo como un bólido a través del campus junto a miles de otras chicas, tratando de llegar a la próxima casa para unirnos a una fila y atravesar la puerta de entrada a tiempo, cada una de nosotras buscando ser apreciadas.

Quizá tú nunca hayas pasado por el proceso de reclutamiento para una hermandad, pero has sentido la misma presión por agradar a los demás. Has sentido ese deseo vehemente de ser elegida, valorada y querida. Tal vez fue durante una entrevista de trabajo o una evaluación de desempeño. O tal vez estabas esperando que ese chico apuesto en la clase se percatara de tu existencia o que tu familia apreciara lo que haces.

Hermana, nadie tiene todo resuelto. Todas hemos sido como torpes Bambis correteando alrededor, esperando que una pequeña barra de lápiz labial nos transforme en Beyoncé. Todas hemos temblado y nos hemos tambaleado en un punto u otro, necesitando ser queridas o queriendo ser necesitadas.

Creo que todo lo que precisamos es sentirnos útiles y creer que nuestra contribución importa. Pero más que eso, necesitamos ser amadas, apreciadas por quienes somos, y no simplemente usadas por lo que podemos aportar. Ser apreciadas nos da un sentido de propósito, nos da significado, conexión; y eso es lo que anhelamos: todo aquello que nos impulsa a vivir con la cabeza en alto el propósito de Dios para nosotras en vez de andar tambaleándonos por la vida tratando de demostrar nuestro valor.

Cuando me veo atrapada en esas incómodas carreras, termino siempre en último lugar, porque me concentro en proyectar una imagen que en realidad no existe en vez de, simplemente, dejar de pretender, quitarme los tacones y dar pasos en la dirección de lo que verdaderamente importa.

La verdad es que, en lo profundo, cuando nos enfocamos en lo que *se supone* que debemos ser, estamos perdiendo la oportunidad de conocer quiénes *somos en realidad*.

Cuando actuamos instigadas por la presión de demostrar quiénes somos, en vez de caminar en consonancia con el propósito que ya existe dentro de nosotras tal como somos, siempre sentimos la necesidad de estar a la altura de otros y superarlos, de hacer algo destacable y ser alguien para poder encontrar nuestro lugar y mantenerlo. ¿Pero qué pasa si la vida no tiene que ver con encontrar un lugar seguro, aferrarnos a él o terminar la carrera en primer lugar? ¿Qué pasa si el objetivo fuera *convertirnos* nosotras en un lugar seguro? Si tuviera que ver con hacer sentir amados a los demás... Si tuviera que ver con tomar una posición y avanzar con un propósito, aunque eso significara llegar *en último lugar*.

Levanta la mano si también piensas todo demasiado

¿La levantaste? ¿Piensas excesivamente la mitad de las oportunidades que se te presentan? Si es así, estamos juntas en esto. Al final del reclutamiento de la hermandad, recibí una invitación. Era una invitación para unirme a AOII. Sentí un poco de alivio al obtener uno de esos ansiados puestos, pero ese alivio trajo aparejado una nueva ola de inseguridad. Tiendo a ser muy analítica, así que empecé a cuestionarme si debería seguir adelante con todo. No bromeo cuando digo que casi rechazo la invitación que anteriormente tanto me había emocionado recibir.

En realidad, estaba muerta de miedo. Me preguntaba qué ocurriría si los miembros de la hermandad finalmente eran capaces de ver las imperfecciones ocultas detrás de todas las etiquetas en las que yo me había envuelto. *¿Y si no hacía ninguna amiga? ¿Y si no encajaba? Espera un segundo, ¿no dijeron que los baños eran compartidos? Quizá debería pensarlo un poco más.*

Pero luego, alguien me dijo que habría pizza gratis en la fiesta de bienvenida. ¿Qué estudiante rechaza una invitación a comer pizza gratis? Cuando me dirigí a la casa grande con las columnas blancas, puerta doble y escalera, seguía pensando: *¿Qué estoy haciendo aquí? Esta no soy yo. Yo no estoy hecha para esto.*

Cuando atravesé la puerta delantera, no obstante, mis temores se desvanecieron, ya que una docena de chicas entusiastas me dieron la bienvenida. Me dieron una tarjeta con mi nombre, una tiara y una boa de plumas rosadas. (Ni preguntes, es algo de la hermandad). Aún estaba nerviosa, pero al mismo tiempo empecé a sentirme entusiasmada.

¡Esto era lo que yo quería! Pensé que había encontrado un lugar seguro que me brindaría la aceptación y la pertenencia que estaba buscando. Eso era todo lo que quería, poder entrar en el grupo para tener un lugar en donde encajar y un grupo elitista con el cual codearme. No lo veía entonces, pero ahora lo entiendo: a veces mis deseos más profundos revelan mis más profundas inseguridades.

Mi mayor inseguridad en ese tiempo era el temor a no ser aceptada. Cuando sonreía para las fotos con mi tiara y mi esponjosa boa de plumas rosadas, veía solo el pequeño y momentáneo propósito que una organización como una hermandad podía ofrecerme, dándome un lugar en el cual entrar y hasta un sentido de valor e identidad. Mi necesidad de encajar bien en un grupo y el pensamiento de que, de alguna manera, eso me haría sentir más segura de mí misma revelan que, inconscientemente, creía que no estaba completa o segura a menos que encajara en un cierto círculo social.

Sin embargo, pronto descubrí que Dios siempre tiene un propósito mayor para nosotras que el que tenemos nosotras mismas. Mirando hacia atrás, me doy cuenta de que esa etapa tuvo muy poco que ver con agradar y todo que ver con descubrir más acerca de para qué fui creada.

A veces podemos ser tan estrechas de mente que nos enfocamos solamente en traspasar la puerta que está delante de nosotras, en vez de abrir la puerta de nuestro corazón para ver lo que Dios tiene planeado para cada una de nosotras. Así, nos ponemos limitaciones, dibujando líneas que se basan solo en aquello que somos capaces de ver.

Me encanta la forma en que Proverbios 16:9 lo plantea: "El corazón del hombre traza su rumbo, pero sus pasos los dirige el Señor". Me aferro a este versículo cuando veo dónde me encuentro y no entiendo lo que estoy haciendo aquí o allá, o cuando me descubro sintiéndome tan envuelta en mis expectativas e inseguridades que me arriesgo a perder de vista el plan mayor que está desplegándose delante de mí.

Un descubrimiento inesperado

Durante mi estadía en esa casa grande, compartiendo un espacio reducido dentro de cuatro paredes de cemento con otras tres chicas, comencé a esperar con ansia las risas y charlas nocturnas que se tornaban en conversaciones profundas sobre el significado de la vida. Amaba las caminatas espontáneas por el parque con alguna hermana y la forma en que todas dejábamos lo que estábamos haciendo solo para tomar un helado con alguna amiga que acababa de romper con su novio. En esos momentos ordinarios, pero aun así divinos, pude vislumbrar el propósito por el cual me encontraba en ese preciso lugar.

En la residencia donde pensé que meramente conseguiría un lugar donde encajar, aprendí que estoy hecha para la amistad. Y *amistad* es algo más que simplemente ser parte de algo.

Cuando comenzamos a intercambiar historias de vida y a darnos consejos de amigas, fue como si mis paredes interiores comenzaran a derrumbarse. Una pasión por el poder de la hermandad —por caminar junto a otras mujeres y empoderarlas— se encendió y no había manera de pararlo. Adelantando la historia unos cuantos años, esa pasión solo ha aumentado. Por eso, este libro es para ti, hermana-amiga.

¿Por qué te cuento esto? ¿Por qué debería importarte? Porque a través de esta experiencia me di cuenta de que Dios no siempre necesita valerse de grandes sucesos para mostrarnos por qué estamos aquí. Él usará lugares aparentemente insignificantes para mostrarnos para qué fuimos creadas (incluso cuando comencemos con motivaciones egoístas). En otras palabras, los pasos podrán parecer pequeños, pero un propósito mayor está siempre obrando.

Vivimos en un mundo que dice que cuando finalmente obtengamos ese empleo, nos graduemos de esa carrera, ganemos ese trofeo o recibamos ese título, encontraremos nuestro propósito en la vida. Con los años, sin embargo, ese espacio especial de hermandad —esos semestres en los que dormí en una vieja litera e hice largas filas para recibir la comida— me enseñó que el propósito tiene poco que ver con el trabajo o el rol que yo desempeñe, la época que esté atravesando o el lugar que ocupe. Más bien, tiene todo que ver con el significado o la trascendencia que dirige mi vida y lo que puedo aportar en esas situaciones específicas. Si tratara de hallar mi propósito en los roles, temporadas o espacios, siempre estaría corriendo detrás de él y nunca podría alcanzarlo. Estos objetivos específicos pueden acabarse o cambiar, y mi propósito desaparecería con ellos.

Pensaba que tenía que demostrar mi valor para poder encontrar mi lugar. Pronto me di cuenta de que esta vida es mucho mejor (con muchas menos presiones) cuando dejamos de intentar encajar o hallar nuestro lugar y, en cambio, salimos y les damos la bienvenida a otros, les hacemos un lugar en la mesa, incluso si son ciento por ciento diferentes a nosotras.

De hecho, eso es lo que inspiró la creación de mi lema: "Tu quebranto es bienvenido aquí". Al vivir en una casa con cientos de hermanas, vi cómo las mujeres que nos apoyamos unas a otras, sin juzgarnos ni compararnos, podemos ser una de las fuerzas más poderosas del planeta. Y también sé que cuando el dramatismo o el juicio se asoman, puede ser una de las más destructivas.

Mis amigas en AOII me enseñaron a ser una hermana, alguien que brinda apoyo y que alienta. Aprendí lo que significa amar y recibir a personas que son iguales a mí, pero también a las que son muy diferentes. Ese propósito no cambia según los roles específicos y se ha extendido mucho más allá de mis años de hermandad, ha tomado toda mi vida.

¿A dónde quiero llegar con todo esto? El punto es este: si estás intentando algo nuevo u ocupar un lugar o posición para la cual no sientes que tengas talento, debes avanzar de todos modos y dejar tus expectativas en la entrada. Puedes sorprenderte con lo que descubras y en quién te transformes, tomando una pequeña decisión a la vez.

Los pequeños pasos (antes de que todo cobre sentido) en realidad son pasos gigantes.

CAPÍTULO 3

El logro comienza *contigo*

Necesito hacerte una confesión: en múltiples ocasiones he tratado de rascar y reventar los granos en mi cara con tanto afán que me he llenado de moretones... Tuve inflamaciones. Las compresas de hielo lo saben. Mis cicatrices lo demuestran. Lo siento si esto es demasiada información para ti, pero te lo digo de frente porque necesito que prestes atención.

Por favor, te ruego que no leas este capítulo a la ligera. Te lo advierto: probablemente te hiera el alma en los lugares más sensibles, pero necesito decirlo porque creo que perdemos un montón de tiempo construyendo la imagen que queremos que el mundo vea, en vez de asumir la responsabilidad y demoler los límites que creamos en nuestra cabeza para convertirnos en la persona que fuimos creadas para ser.

No sé con qué inseguridades peleas a diario, pero una de las mías ha sido el acné.

Recuerdo que, en séptimo grado, asistía a una escuela en donde los niños debían usar uniformes y a las niñas no se les permitía usar nada de maquillaje. Eso estaba bien al principio, pero ¿qué hace una chica de trece años cuando el chico del que está enamorada se sienta a su derecha en la tercera hora de clase y ella tiene un grano enorme del lado derecho del rostro?

Encuentra una manera de ocultarlo, ¿verdad? O, al menos, eso fue lo que hice. Intenté, lo mejor que pude, usar maquillaje de manera que pareciera muy natural y el grano pasara desapercibido. No obstante, esto ocurrió en una época en que una adolescente todavía no tenía acceso a cientos de videos tutoriales en línea para ayudarla con esa tremenda tarea. Así que improvisé.

Al principio funcionó bien, por unos días me salí con la mía. Pero tenía una profesora que podía detectar el maquillaje a una milla de distancia. Al tercer día de usarlo, en medio de una tarde cualquiera, ella lo notó. Me hizo salir de la clase y me envió al baño a lavarme la cara. Cuando regresé, me sentí desnuda y expuesta, como si mi enorme grano rojo prácticamente estuviera saludando a toda la clase. No hace falta decir que la relación con mi enamorado no marchó bien. Luego de ser descubierta y dejar de cubrir mi grano, este desapareció rápidamente. Estaba completamente cicatrizado al cabo de un par de días. ¡Imagínate!

Más recientemente, durante los últimos años de mi vida, he batallado con el acné quístico. Si no sabes de qué se trata, te cuento que básicamente sientes que tu rostro se está autoatacando. En otras palabras, la erupción no está compuesta por meros granos. Son profundos brotes, por lo general, por debajo de la superficie y es casi imposibles reventarlos, pero la presión es tan fuerte que todo lo que deseas hacer es pellizcarlos para sacarle el pus. Si intentas apretarlos antes de tiempo, todo lo que lograrás es lastimar tu cara o hacer que sangre y termine aún más hinchada. Pido disculpas por ser tan gráfica, pero esto es importante, ¿cierto?

La presión inflama por debajo la superficie cutánea y hace que duela como el demonio, y cuando te miras al espejo te sientes como un desastre total. Es una experiencia completamente desagradable. Cualquiera que sea la razón, viví con ese problema y lo acepté como mi realidad por mucho tiempo.

Con esto quiero indicar que había tenido ese problema por más de un año y medio cuando finalmente me di cuenta de que necesitaba tomar una acción para controlarlo. Lo sé, lo sé. Estás ahí sentada pensando: *Jordan, ¿por qué simplemente no fuiste a un dermatólogo?*

¿Quieres una respuesta franca? Creo que estaba un poco avergonzada por el hecho de ser una mujer casada, una adulta, lidiando con tales erupciones cutáneas. Algo así como "¡Hola, pubertad, segunda ronda!". No, gracias. Paso.

Así que viví en negación por un tiempo, ya que soy una de esas personas obstinadas que tienden a pensar: "A menos que me esté muriendo, no voy a ir al médico". (Lo sé, es estúpido. Estoy trabajando en ello). Tal vez odio que me diagnostiquen problemas o inseguridades, porque entonces, después debo lidiar con la realidad de tratar con las causas.

Después de un tiempo ya no lo pude manejar más. Mi rostro exhibía tantas cicatrices y marcas rojizas, y estaba tan rugoso, que ya ninguna cantidad de maquillaje era capaz de cubrirlo. Hablo en serio. Mi cara ya no era un lienzo. ¡Era un campo de batalla pidiendo socorro!

Cuando finalmente acudí al dermatólogo, a cara lavada, con cada cicatriz oscura, cada cascarita y cada grano rojo y grumoso al descubierto, no estaba muy segura de lo que podía esperar. Solo quería que él pudiera arreglarme. Este problema no solo me avergonzaba, sino que también me causaba muchos inconvenientes porque mi trabajo requiere que esté frente a una cámara con cierta regularidad... y todo estaba empeorando.

Me senté sobre ese extraño papel crujiente en la camilla de examinación y traté de no recostar todo mi peso para que no hiciera más ruido debajo de mi trasero. Ya me sentía como un percebe cascarudo. Lo último que necesitaba era ser uno crocante. El doctor ingresó al consultorio y comenzó el examen en la peor forma posible para una mujer que se siente insegura por su rostro.

Apuntó la penetrante luz de su linterna y *tomó fotografías en primer plano de mi cara*. De inmediato me arrepentí de la decisión de ir al médico y solo quería que la tierra me tragara.

Es cierto, comprendo que puedo sonar un poco dramática. Sé que las fotos son para propósitos médicos. Sin embargo, cuando casi no puedes soportar salir al mundo con tu rostro al descubierto, el pensamiento de alguien —ya sea doctor o no— con una foto tuya sin editar en un dispositivo puede parecerte la peor cosa del mundo. Traté de actuar como si no pasara nada y fingir que la evidencia fotográfica de mis inseguridades expuestas no me molestaba en absoluto, cuando era totalmente lo contrario. Me incorporé muy tranquila cuando el doctor me preguntó qué me estaba pasando y qué ocurría con esos granitos.

Le dije que tan pronto como uno de ellos comenzaba a sanar, otros dos empezaban a formarse. Cada vez que avanzaba un paso, retrocedía dos. Él dijo:

—Mira, estos brotes son profundos. No son simples poros obstruidos. Los está causando algo sistémico.

Le pedí que me explicara. Él dijo:

—En otros términos, no es tanto una cuestión de algo que está ocurriendo de manera externa, en la superficie, sino de manera interna, debajo de ella. Puede ser hormonal, bacteriano o posiblemente esté ligado a la alimentación o al estrés.

A continuación, me preguntó sobre mi rutina de cuidado de la piel. Al principio le conté lo diligente que era en lavar y nutrir mi rostro cada día, como si eso lo impresionara. Después me preguntó sobre el maquillaje que usaba. Admití que había estado usando más maquillaje que nunca, en un intento por cubrir las cicatrices oscuras y hacer que los granos profundos parecieran menos evidentes.

Él resaltó que, aunque la raíz de esos problemas podría no ser el maquillaje, cubrir las lesiones de manera tan compacta ciertamente no ayudaba. Ya sabía eso, pero sentía que no me quedaba otra opción. ¿Alguna vez te sentiste así? ¿Sentiste que tenías que cubrir tus faltas para sentirte a la altura, aunque el hacerlo solo empeoró la percepción de esas fallas por parte de los demás? ¿Como si dejarlas al descubierto fuera más dañino para tu seguridad y confianza personal que el daño a largo plazo de ocultarlas?

Puede parecer superficial, pero te digo, hermana: esto es más que la piel. Una vez mi esposo me contó su teoría acerca de la industria cosmética:

—Estas compañías de maquillajes las emboban a todas ustedes —dijo con una risita ahogada—. Les venden el maquillaje, el cual, básicamente, es un polvo costoso que se ponen en la cara y que se supone que las hará sentir más bonitas. Por supuesto, eso no ayuda a la irritación y los sarpullidos que les salen en la piel, y entonces, les venden productos para deshacer el daño que el polvo agravó. Y, de algún modo, las convencen de comprar más de su polvo embotellado para cubrir los brotes que el maquillaje irritó previamente. Este es el círculo sin fin al que someten a tu piel mientras ellos amasan una fortuna. Si empezaran por no ponerse el polvo en la piel, probablemente tendrían menos problemas y menos productos acumulados en el botiquín.

La primera vez que lo dijo de ese modo me reí a carcajadas. Pero también tuve que darle la razón. No estaba del todo equivocado. Aunque no estoy levantando un argumento en contra del uso de maquillaje (y estoy segura de que cada vendedora de maquillaje se está retorciendo y está pensando enviarme un correo electrónico diciendo: "¿Acaso no sabe él que hay productos limpios y saludables?"), pensemos lo que está diciendo en un nivel más profundo.

El hombre estaba tras la pista correcta. Y toda la debacle que estaba atravesando con mi piel comenzó a adquirir más sentido. Cubrir la superficie solo causa más problemas debajo de ella, permitiendo que las inoportunas inseguridades se prolonguen y adquieran mucho más poder en nuestra vida del que se merecen.

Este principio no solo se aplica al cuidado de la piel. Creo que nos acostumbramos tanto a tapar los problemas por fuera, enfocándonos en la imagen exterior y en cómo los otros nos ven, que nos olvidamos de profundizar y tratar con lo que está sucediendo dentro (lo que en realidad es la causa de los brotes, granos y las oleadas de inseguridades).

Cuando nos infectamos de expectativas o cuando la presión por demostrar algo nos inflama, las inseguridades brotan.

Como dijo mi doctor: la inflamación no la causó algo que estaba en la superficie, sino más bien *algo dentro de mí*. ¿Sabes qué significa esto para ti y para mí en un plano superior? Significa que tenemos que empezar a mirar lo que está pasando más adentro, a menudo en nuestro corazón, en vez de criticarnos duramente.

Comienza por el corazón

Voy a cambiar de tema aquí por un segundo, pero te prometo que hay una buena razón. Cuando era niña, me interesé por la construcción, ya que, mientras que las otras niñas de diez años jugaban con Barbies y casas de muñecas, aprendía sobre planos en la parte trasera del camión de mi papá.

Papá tenía una empresa constructora, y los cascos de albañil, cajas de herramientas y planos de construcción siempre me intrigaron. De vez en cuando, escuchaba algo sobre el último proyecto mientras papá me llevaba a la escuela escuchando a Elvis cantar de fondo. Papá me contaba que un equipo estaba abriendo el terreno mientras que otro ya estaba acabando una obra.

Sin importar cómo terminara cada nuevo proyecto, cada una de las edificaciones empezaba del mismo modo: cavando debajo de la superficie, creando un hueco y removiendo la tierra para hacer espacio para los cimientos.

Esos viajes con mi papá me enseñaron lecciones invaluables muy temprano en la vida: si vas a construir un cimiento firme, abrir la tierra es innegociable. Cavar la capa superior más dura, hacer un hoyo en la superficie y remover la tierra que está allí crea espacio para algo nuevo y mejor.

¿Sabes qué significa esto para ti y para mí? Quiere decir que tenemos que abrir la tierra, o ir debajo de la superficie, si alguna vez queremos vencer las inseguridades, expectativas y la presión por demostrar algo.

No sé tú, pero yo soy terca y preferiría omitir ese paso. Algunos días prefiero echar un bloque de concreto sobre la superficie y construir mi vida sobre él. Mi papá me diría que eso puede funcionar para una pequeña choza, pero no para una vivienda residencial. Luego me explicaría la forma en la que el suelo se mueve cuando se congela en el invierno y se deshiela en la primavera, y cómo el cimiento adecuado impide que el edificio se mueva y provoque que las cañerías exploten y se formen rajaduras en las paredes, entre otros problemas.

Cuando miro mi vida de esta forma, algo me sorprende: creo que estamos tan apurados por resolver nuestros problemas que evitamos hacer el trabajo que se requiere para encarar nuestras más profundas inseguridades. Es como querer entrar directamente a cumplir algún maravilloso propósito sin preparar primero nuestro corazón. En este mundo repleto de prisa y de satisfacciones inmediatas, sé que puedo apresurarme a construir mi imagen externa sin haber preparado primero el corazón por dentro. Es como *querer parecer* seguros en vez de actuar y realizar el trabajo que se requiere para adquirir esa seguridad. Y eso es pereza, ni más ni menos.

Hermana, es preciso ser valiente para luchar contra el polvo en nuestra vida, no cubrirlo sino cavar directo hacia él. Dejemos de aplicarnos esa máscara superficial con la que pretendemos demostrar nuestro valor y que solamente derriba nuestra confianza, arrolla nuestra fe y nos distrae de la vida que tenemos que vivir.

Si quieres atravesar límites, debes abrir la tierra. En otras palabras, si quieres construir algo bello con tu única y magnifica vida, tienes que ir debajo de la superficie. Empezando por el corazón.

Asume la responsabilidad

No vengo aquí pretendiendo haber vencido todas las inseguridades que me brotan. No digo que la presión no inflama debajo de la superficie de tanto en tanto. Soy un ser humano en este viaje hacia la meta de descubrir la confianza pura y el propósito verdadero antes de tener todo resuelto en la vida.

Hacerse cargo significa dejar de trasladar la responsabilidad y tratar con ello desde dentro. No estoy hablando solamente sobre mi inseguridad con el acné. Hablo de mi inseguridad como esposa. Hablo de mi inseguridad cuando se trata de publicar este libro. Hablo de todas las inseguridades, porque ninguna de ellas es superficial.

Cuando estos pensamientos asoman, tengo que recordarme hacer una pausa y ver lo que en realidad está detrás de ellos. ¿Cuál es la causa *sistémica* que inflama la inseguridad y por qué estoy perdiendo tanto tiempo hurgándolos en vez de ir a la raíz de ellos?

Uno de los problemas de base de mi acné quístico era el excesivo consumo de azúcar. Para atenderlo, tuve que disciplinarme y cortar de manera drástica la ingesta de azúcar por varios meses. Eso me costó mucho, pero increíblemente dio resultado. El problema de base de mis inseguridades como esposa es la inexperiencia, así que tengo que aprender cómo aceptarlo y estar dispuesta a aprender, a hacer preguntas y a hacer lo necesario para crecer. El problema de base de mi temor a lo que pienses de este libro, querida amiga lectora, es una necesidad de afirmación. Eso significa lidiar con la causa más profunda y no solo disfrazar mi imagen externa. Necesito preguntarme *¿Por qué necesito la afirmación de una desconocida?* o *¿Por qué últimamente me enfoco en eso?*, si en realidad deseo asumir la responsabilidad del asunto y librarme de esa inseguridad. Y tú también.

Hazte cargo de tus inseguridades. Reconoce que existen y luego da pasos de acción para tratar con ellas desde la raíz. Pueden ser causadas por alguien que te denigra o que las destaca, pero ¿sabes qué?, la responsabilidad de cómo reaccionarás la debes asumir tú.

Vivimos en un mundo que acostumbra a encubrir, a mantener la imagen y a transferir la culpa a otro. Como resultado, muchas personas quedan varadas en la imagen que proyectan y en realidad se pierden a sí mismas en el proceso. Lo sé porque lo hice. Pero cuando aprendí a tratar algo como el acné desde adentro hacia afuera, también se me ocurrió que si tú y yo —solo por un segundo— nos levantamos para luchar contra nuestros problemas, dejamos de permitirles que nos intimiden e identificamos la causa real, podremos hacer algún progreso. De hecho, podemos tener un mayor impacto, porque en algún lugar en el mundo, en cada uno de nuestros ámbitos de influencia, una pequeña niña o una mujer se está escondiendo detrás de la imagen que creó y que le muestra al mundo.

No sé tú, pero yo no quiero ser la razón por la cual otra adolescente o jovencita piense que tiene que vivir detrás de una versión "maquillada" de sí misma, esconderse tras etiquetas o vivir con el temor a ser juzgada si decide ser ella misma. Quiero ser la razón por la que aprenda a quitarse la máscara y producir un impacto. Pero ¿sabes qué? Eso requiere que yo me quite primero la máscara y asuma la responsabilidad por mis propias inseguridades.

Profundiza

Me encantaría decirte que mi cara ahora está limpia y radiante, y que, por lo tanto, estoy más segura de mí misma, pero ¿sabes qué? Eso sería mentira. *Estoy* más confiada que nunca, pero no debido a que mi rostro mágicamente carece de defectos.

Mi confianza viene de emprender el trabajo duro que significa sanar mi acné mientras que, simultáneamente, trabajo con mi corazón. A medida que me ocupé de hacer cambios saludables en el último año, noté que hubo mejoras en mi piel; pero lo más importante de todo: he visto avances en mi actitud hacia este problema en general.

Te mentiría si te dijera que estoy más segura de mí misma porque ahora mi piel está perfecta. Todo lo contrario, en mi lucha a lo largo de este proceso tuve que aprender a confiar, precisamente porque mi piel *no está* perfecta.

¿Qué valentía hay en tener confianza al alcanzar una imagen de perfección? No digo que estoy completamente por encima de toda inseguridad. Noticia de último momento: soy humana. Sin embargo, estoy dispuesta a levantarme y pelear contra las mentiras que me dicen que esconda los defectos, porque esconderlos solo me lastima más.

Quizá no tengas cicatrices de acné en el rostro, pero sí estrías o celulitis o cicatrices en el alma o algún otro rasgo que este mundo considera imperfecto: precisamente, todo lo que te hace ser tú misma.

¿Lo captas? Tu propósito comienza cuando eres 100 % tú, cuando das la cara día tras día, a pesar de todo aquello que crees que te descalifica de siquiera intentarlo. Comienza con lo que hay dentro de ti, tu verdadero yo, no la banalidad exterior de la versión arrogante de ti misma. No tú más todos tus accesorios. No tú más el chico que se desliza a la derecha en Tinder, o tú más el automóvil que conduces, o tú más las libras de peso que has perdido, o tú más cualquier otra etiqueta que pegaste a tu imagen para cubrir tus imperfecciones.

Comienza cuando accedes a las partes fundamentales de tu corazón. Empieza con esas partes que has ignorado, tapado, y aceptado como tu realidad porque eres tan terca como para quitarte la máscara y pedir ayuda de Dios, de tu mamá, de un profesional o de todos a la vez.

Creo que el propósito comienza cuando tomamos la responsabilidad y tratamos con el polvo que hay dentro —las mentiras que creímos y las palabras tóxicas que nos dijimos a nosotras mismas— antes de recubrirnos por fuera con lo que pensamos que nos hace más seguras.

Así que este es mi sencillo desafío para poner en acción la confianza que proviene del interior —no de tu imagen—: que durante treinta días tu misión sea dejar de desacreditarte frente a otras mujeres. En realidad, más bien deja de desacreditarte, punto. No te llames "gorda". No señales tus fallas en cada foto que te tomes con amigas. Hermana, esa no es manera de hablarte. Si no se lo dirías a tu amiga, no te lo digas a ti misma.

Lo repito por si acaso no has tomado tu café todavía: *si no se lo dirías a tu amiga, no te lo digas a ti misma.*

O sea, si el brazo de Brittany no luce perfectamente tonificado en una foto, ¿lo harías notar? No, ¿verdad? Si

María intentó hacer una broma en la cena, pero en cambio tiró una bomba e incomodó a toda la mesa, ¿te sentarías allí y le dirías lo tonto que fue su comentario y que ella no es divertida y que debería dejar de intentar serlo? Creo que no. Si lo haces, necesitas reconsiderar seriamente la forma en que tratas a la gente.

Treinta días de no desacreditarte, hermana. Si tu brazo luce fofo en esa foto del viernes por la noche, déjalo pasar y no armes una tormenta en un vaso de agua. ¿No hay nada más importante de qué preocuparse en esta vida?

Tus treinta días comienzan ahora. Cada vez que estés a punto de denigrarte o de ocultar algo o de compensar para engañarte a ti misma y hacerte sentir más segura, detente y hazte estas preguntas:

- *¿Cuál es el origen de este sentimiento?*
- *¿Qué es lo que realmente lo está motivando?*
- *¿Le diría a mi amiga que ella es... lo que estoy pensando de mí misma?*

Asume la responsabilidad por tus inseguridades y sé lo suficientemente valiente como para ir más profundo y dejar que Dios obre dentro de ti en vez de obsesionarte sobre cómo te ven desde afuera. Allí es donde empieza a surgir la confianza que se necesita para vencer la presión de demostrar tu valor y de vivir tu propósito en la vida: dentro de ti.

PARTE DOS

Sal del estancamiento

CAPÍTULO 4

Supera el síndrome del impostor con pasos de *acción* deliberados

¿Alguna vez sientes como si no fueras esa persona que los demás piensan que eres? ¿Piensas que si la gente descubriera quién eres en realidad, diría que eres un fraude? Este fenómeno tiene un nombre: síndrome del impostor.

Yo luché con eso más veces de las que puedo contar.

Por cierto, estoy luchando un poco todavía, en este preciso momento.

Para ser sincera, me siento rara escribiendo un libro que tú, un ser humano real, sostendrás en las manos y leerás. Tengo esta sensación de extrañeza porque no poseo años de cualificación o experiencia como autora.

Un dato interesante es que Nana me escribió una carta cuando yo tenía once años, y en ella decía: "Presiento que un día escribirás un libro. Contarás tus experiencias al mundo".

Ella sí que me animó a soñar. Ella lo sabía y creyó en esto todo el tiempo, antes de que yo pensara siquiera que sería posible. ¿Yo? O sea, ¿quién hubiera pensado que la niña que les pidió a sus padres que le cambiaran legalmente su nombre a Chispita escribiría un libro? (Por un momento, imaginemos el nombre Chispita Lee Dooley en la portada. Gracias, mamá, por dejarme usar el apodo de manera temporal y no permitirme cambiarlo legalmente, a pesar de que a los seis años te lo pedía con insistencia).

De todos modos, me duele que Nana no esté viva para leer estas palabras o para sostener el libro en sus manos, pero sé que me acompañó en el proceso, que su corazón está entrelazado con estas páginas y creo con toda mi alma que ella está sonriendo desde el cielo.

Como dije, no tenía pretensiones de escribir un libro. De hecho, mi profesión actual, incluyendo este libro, comenzó con la inverosímil combinación de una entrevista sofisticada, algunos inesperados, pero asombrosos, consejos de mamá, un marcador Sharpie y una ayudita de mis amigas. En serio.

Durante mi tercer año de universidad, mientras estudiaba para graduarme de una carrera que no me apasionaba, me entrevistaron para una pasantía de verano en una compañía de seguros. La entrevista fue en una oficina de la empresa con un montón de hombres de traje y corbata; la oficina era impecable, sin una partícula de polvo y en el aire se respiraba un aroma a esencia de limón.

Cuando me senté frente a los ejecutivos en un gran escritorio, me hicieron una pregunta tras otra, nunca me había sentido tan tensa e incómoda en toda mi vida. Ahora me doy cuenta de que ese no era mi estilo. Irónicamente, en ese momento pensaba que lo era. Siempre me había imaginado como una mujer profesional exitosa en un ambiente corporativo, dirigiendo un equipo dentro de una empresa y vistiendo traje de pantalón, porque los que veía en los maniquíes de los centros comerciales me parecían sofisticados.

Cuando terminó la entrevista los hombres se pusieron de pie para estrecharme la mano y me dijeron que estaban impresionados y que se pondrían en contacto conmigo. La reunión había sido fantástica, sin contratiempo alguno, y yo debía haber estado exultante. Pero, cuando me dirigí hacia el ascensor, de algún modo me sentía desalentada.

Esto es por lo que has estado trabajando, J. Esto es lo que deseas, me dije a mí misma tratando de convencerme, al tiempo que las puertas del ascensor se cerraban y atravesaba el vestíbulo de entrada.

No podía reprimir el sentimiento de agitación que afligía mi corazón ese día. De camino a casa comencé a preguntarme: *¿Habré elegido la carrera equivocada? ¿Qué pasa si no se suponía que fuera esto lo que debía hacer con mi vida? Ya es demasiado tarde para cambiar mi orientación vocacional, ¡me gradúo el año que viene! Dios, ¿cuál es tu plan?*

A finales de esa misma semana, mi mamá vino a visitarme a Bloomington, la pequeña ciudad de mi universidad en Indiana. Le conté mi preocupación.

—No sé si quiero hacer la pasantía en esa empresa, mamá. Sé que estudié esa materia y que es importante para mi futuro, pero, por alguna razón, no me siento contenta.

Esperaba que mi mamá me recordara cuánto tiempo y dinero habíamos invertido en mi carrera o qué gran oportunidad me esperaba por delante, o que al menos debería intentarlo y ver qué pasaba. Pero no hizo nada de eso. Simplemente respondió:

—Está bien, no lo hagas.

Espera, ¿quéeee? ¿Que no lo haga? ¿Acaso decirle a tu hija que no aproveche una oportunidad laboral no va contra algún código implícito de madres?

—¿Qué quieres decir con que *no lo haga*? —le pregunté.

—No te pongas la presión de demostrarte que puedes. No pienses que debes resolverlo todo en este segundo. Por ahora, te aliento a probar otras alternativas mientras todavía estás estudiando.

¿Que no tome el empleo? ¿Que pruebe otras alternativas? ¿Qué es toda esta pantomima?

Otra vez le pregunté:

—¿A qué te refieres...?

—Trabajas muy duro y has hecho todo lo posible por ser responsable en la universidad, oportunidades futuras y demás. Tal vez obtengas la pasantía; tal vez no. Estoy orgullosa de ti, pase lo que pase —explicó—. Pero pienso que te has puesto tanta presión encima por encontrar el plan perfecto, que no has tomado un tiempo para explorar tus intereses personales y tus pasiones a lo largo del camino.

No lo vi venir.

Sin embargo, en ese momento me di cuenta de que las expectativas relativas a mi carrera y que yo pensaba que mis padres tenían de mí eran fruto de mi *percepción*.

Sinceramente, no tenía idea de lo que quería hacer. Nunca fui de esas afortunadas que un día se levantan cuando tienen siete años y piensan: *¡Estoy segurísima de que quiero ser doctora!* Y entonces, esa misma pasión las impulsa hasta la graduación de la facultad de Medicina.

Si esta es tu historia, mejor para ti, hermana. Pero ciertamente no es la mía. Yo soy la perfecta definición de una chica que va aprendiendo en el camino, entendiendo cómo confiar en que Dios tiene un plan, todo mientras su cabeza se llena de sueños descabellados que no entiende.

Así que empecé a explorar algunos temas que me interesaban.

Entre un montón de intereses diferentes, la caligrafía se convirtió en algo que verdaderamente disfrutaba. Era terapéutico para una estudiante estresada. Escribía a mano citas que me inspiraban, versículos de la Biblia que me influenciaban y otro tipo de frases que quería recordar. Escribir a mano algo con cuidado y belleza lo hacía más significativo para mí.

Después de un tiempo, Matt, mi novio, que luego se convertiría en mi esposo, observó que yo estaba creando todos esos pequeños diseños sobre servilletas de papel y en cuadernos de notas. Un día me dijo:

—¿Sabes qué, Jordan? Eres bastante buena con esto y parece ser una forma creativa de liberar presión durante las tensas semanas de clases. Deberías abrir un negocio en Etsy o algo por el estilo.

Había escuchado algo de Etsy de manera vaga, un nuevo sitio de ventas en línea de productos artesanales.

Por curiosidad, decidí crearme una cuenta y probar de qué se trataba. No estaba segura de si funcionaría, mis primeras piezas eran bastante primitivas. Pensé que sería una buena idea escribir una cita con un marcador Sharpie en un papel de computadora (¡qué profesional!, ¿verdad?) y luego colocarlo en la sala de arte de la hermandad, que parecía una cueva, y tomar algunas fotos para subirlas al sitio.

Mi duda era si se vendería, pero un día, mientras estaba sentada en mi escritorio, recibí un correo electrónico que me notificaba que ¡una señora en Texas había comprado mi producto! Pegué un salto de la silla. "¡Oh Dios mío! ¿Esto es en serio? ¡Hice mi primera venta!".

No hay nada como crear algo y hacer tu primera venta. ¡Guau! *Hice algo bello con mis propias manos. Y a alguien le gusta… Le gusta tanto como para pagar por ello. ¿Esto es real?*

Por supuesto, luego tuve que arreglármelas para ver cómo envolverlo y enviarlo de la mejor manera como para que no se dañara.

Desde ese día en adelante, mi pequeño negocio de caligrafía creció. Abrí una cuenta para mostrar mis diseños en las redes sociales y cada semana los pedidos aumentaban. Al principio, todo lo hacía yo. Compraba los artículos en blanco (lienzos, tazas…, ¡ya no usaba papel de computadora!), dibujaba un diseño, le tomaba fotos y las subía a Etsy. Cuando se vendían, imprimía las etiquetas, empaquetaba los productos, conducía el viejo Nissan de Nana hasta la oficina postal para entregar mis paquetes y luego me las arreglaba para estudiar un poco antes de irme a dormir.

A decir verdad, me sentía un poco como una impostora cuando respondía los correos electrónicos del servicio de atención al cliente desde la clase de biología a la que debería estar prestándole atención. Hasta este día, no puedo decirte nada sobre el núcleo celular, pero puedo enumerar un millón de datos sobre formularios de devolución y tarifas postales.

Día tras día lo hacía. Finalmente, se me ocurrió que necesitaba, primero, aprender a imprimir mis diseños para no hacerlo todo a mano; y, segundo, pedir ayuda.

Cuando el volumen de las compras aumentó, comencé a reclutar a mis amigas y compañeras de cuarto para que me ayudaran a envolver, y les prometía que les pagaría con pizza. Ellas aceptaron enseguida, sin necesidad de mucha persuasión de mi parte. Resulta que cuando extorsionas a tus compañeras con comida gratis, es mucho más probable que te ayuden.

De acuerdo, estoy bromeando. Se ofrecieron a ayudarme simplemente porque me apoyaban y creían en mis ideas locas. Por eso siempre les estaré agradecida. Qué íbamos a saber entonces que esos pequeños comienzos nos llevarían a algo mucho más grande.

Nos sentábamos en el suelo del tercer piso, en el desván, jugando con las bolitas de poliestireno que usaba para proteger el producto, charlando y riéndonos por horas y horas. Muchas de las lecciones y consejos que intercambiábamos en esas conversaciones me inspiraban, y las escribía en los pies de foto en las redes sociales.

Enseguida me di cuenta de que esas historias repercutían en mujeres de todo el mundo, no solo en las chicas de la AOII. Algunos de los artículos que publicaba junto con fotos de mis diseños de caligrafía cobraban fuerza y algunos llegaban incluso a compartirse miles de veces en Facebook.

Al cabo de un año, más o menos, contaba con una creciente comunidad en línea (algo que jamás había pensado que sería posible en ese tiempo). Y me seguían por mis escritos y por el contenido, más que por mi negocio de caligrafía. Otra vez empecé a sentirme insegura.

Era alocado pensar que mujeres con diez veces más de experiencia en la vida estaban siguiendo a una chica de la hermandad de veintiún años que todavía no había terminado la universidad. En ese tiempo, casi no subía fotos de mí, así que no creo que se dieran cuenta de mi edad. A menudo trataba de actuar como si fuera más grande y más sofisticada de lo que era, porque estaba convencida de que si las personas se enteraban de mi edad, dejarían de seguirme y quizá hasta solicitaran devolver algo de lo que me habían comprado.

Eso puede sonar dramático, pero el síndrome del impostor puede tomar el mando cuando nuestras inseguridades se combinan con las expectativas que percibimos que otros tienen acerca de nosotros, y juntas crean una presión enorme por demostrar algo que no somos.

Mirando al pasado, ahora me doy cuenta de que siempre que viva bajo la presión de demostrar quién soy, en vez de vivir intencionalmente, sin necesidad de probar nada, me sentiré como una impostora.

Nunca, ni en un millón de años, pensé que llegaría a esto en mi vida. Simplemente estaba "probando otras posibilidades", tal como me había sugerido mi mamá. Pero simplemente probar algo nuevo me había llevado a comenzar un pequeño negocio, que creció hasta convertirse en un blog y finalmente a dar charlas. Eso me condujo a intentar otros proyectos creativos, como un negocio de fotografía adicional, recaudar dinero para causas solidarias en las que yo creía, generar cursos en línea, ser la anfitriona de un *podcast* y, ahora, escribir un libro.

¿Hubo miles de ocasiones a lo largo del camino en las que sentí que no estaba calificada? Definitivamente. ¿Hubo veces en que arruiné todo? Más de las que puedo contar. ¿Casi endeudo por accidente a mi familia en mi primer año de casada? Soy culpable. ¿Me amenazaron con hacerme juicio por haber cometido un error? En realidad sí, y fue traumático. (Le agradezco a mi padre públicamente por haberme guiado en ese proceso). ¿Me puse en situaciones embarazosas? Adivinaste. ¿Tuve que reescribir este libro tres veces antes de publicarlo? Sí, también.

Hermana, muchas cosas han salido mal desde que comencé este viaje, pero creo que eso también lo hizo tan bueno. Cada paso valió la pena, y cada paso de aquí en adelante también valdrá la pena.

No me levanté un día con todo resuelto. No me encontré con mi propósito de la noche a la mañana. Me animé a probar proyectos que me interesaban y, lentamente, con el tiempo —mientras batallaba con el síndrome del impostor y la presión innecesaria de entender todos mis sueños— aprendí algo poderoso y que es una lección de humildad.

Mi propósito no estaba en esa primera venta de Etsy. No estaba ligado a cuánto vendía y cuánto podía ganar o incluso a cuántas personas leían mis escritos. No fue algo que encontré firmando el contrato de publicación de un libro o subiendo a un escenario. Nunca tuvo que ver con mi posición —en una pasantía, en una hermandad o como dueña de mi pequeño negocio—. No está siquiera en este libro o como autora. En cambio, tiene todo que ver con la pasión y el propósito que traigo a cada espacio que ocupo en mi vida diaria, dejando de lado las etiquetas.

Sinceramente, mis propios sueños sin dilucidar y la manera en que mi mamá me alentó a explorar y experimentar probablemente me hizo parecer una persona alocada a lo largo de los años con todo lo que intenté. No soy alguien que se puede encasillar en un molde, porque me niego a que las etiquetas continúen definiéndome.

Así que puedo parecer una chiflada, una persona que no sabe qué hacer en la vida. Y a veces debo reírme por lo bajo y recordar que no es del todo incorrecto. (Es decir, ¿alguna de nosotras sabe exactamente lo que está haciendo en la vida? No).

Tal vez vivir una vida significativa no tiene nada que ver con descifrar el sentido de todo, sino con salir de nuestra zona de confort.

Recuerda: nada de esto ocurrió porque un día tuve un sueño revelador y me fui a alcanzarlo. Nada de esto ocurrió porque yo fuera experta en algo. Todo sucedió porque mi mamá me dio permiso para hacer algo que nunca había considerado hacer: explorar y experimentar antes de encontrar el plan perfecto que quería ejecutar. Y sucedió porque decidí ir por ello, incluso antes de saber lo que "ello" sería.

Ahora bien, quiero enfatizar que mi mamá no me dijo que abandonara la universidad e hiciera lo que quisiera. Ella me animó a aprender en el camino y a expandir mis intereses fuera de mi ámbito regular sin descuidar mis responsabilidades. Dicho esto, por favor no leas esto y dejes tu aburrido empleo mañana mismo alegando que estás tomando el consejo de mi mamá. (Si lo haces, probablemente terminarás comiendo fideos durante las próximas semanas y luego te enfadarás conmigo). Hay sabiduría en planificar si vas a dar un paso tan importante como ese.

Tal como mi mamá me animó a explorar —a abrir puertas que no sabía que existían— mientras administraba mis responsabilidades académicas, también te animo a intentar algunas opciones que te traigan vida y alegría, aun cuando no se relacionen directamente con tu carrera o tus obligaciones en este tiempo.

Digo esto porque pienso que muchas ponemos un montón de presión sobre nosotras mismas para alcanzar el éxito al primer paso que demos o en lo primero que intentemos, y cuando no sale bien, dudamos si intentarlo nuevamente. Pocas de nosotras nos permitimos tomar nuevos rumbos, porque nos convencemos de que no podemos, por una u otra razón.

Quiero que veamos algunas de las razones con las que he batallado para ser original o para intentar algo nuevo, porque siento que tus excusas pueden ser similares (perdón, digo… "razones").

Por qué no intentamos algo nuevo o nos atrevemos a ser originales

1. Expectativas

Antes de hablar con mi mamá, pensaba que ella esperaba que yo hiciera con mi vida algo que fuera seguro, estable y exitoso desde la perspectiva de la sociedad. Sin embargo, me di cuenta de lo equivocada que estaba. Si no hubiera existido esa charla con ella, nunca habría intentado hacer algo diferente a lo que mi currículum estipulaba. Soy consciente de que no todos se pueden dar ese lujo, y quizá tus padres o tu cónyuge o alguien más tiene expectativas irreales acerca de ti. Aun así, solo *tú* puedes decidir si esas expectativas te controlarán.

Incluso si otros no te imponen sus expectativas, creo que cuando las nuestras acerca de cómo debería desarrollarse la vida no coinciden con la realidad, comenzamos a poner excusas. Al menos, así sucede conmigo. Nuestras propias expectativas frustradas pueden alejarnos o impedirnos avanzar hacia nuevos horizontes, dado que intentamos evitar futuras desilusiones. ¿Alguna vez permitiste que esto te sucediera? ¿Estás dejando que suceda ahora? Deja ya de hacerlo, ¿está bien? No ayuda a nadie, especialmente, no te ayuda a ti. No has perdido tu propósito solo porque dejaste pasar una oportunidad o fallaste en el primer intento.

2. Opiniones

Muchas de nosotras no intentamos salir de nuestra zona de confort ni hacer algo más allá de nuestras cualificaciones porque estamos preocupadas por cómo lo verá la gente. Cuando nos encontramos con la abuela Cata en la reunión familiar y ella nos pregunta: "¿A qué te dedicas, cariño?", la mayoría de nosotras quisiera poder darle una respuesta buena y breve que dé por satisfecha la pregunta y que a su vez nos haga parecer exitosas. Cuando nuestras pasiones y roles no encajan con una etiqueta particular o ni siquiera son claras para nosotras mismas, la inseguridad entra en juego.

Creo que nos aferramos a los rótulos más de lo que nos llegamos a dar cuenta, porque ellos nos dan algo con lo que impresionar rápidamente a los demás. Responder con "soy contadora" probablemente haga sonreír a la abuela Cata en señal de aprobación. Sin embargo, responder "estoy probando diferentes alternativas, soñando con establecer una fundación, trabajando en mi maestría y además haciendo un curso de barista" podría hacerla fruncir el ceño de preocupación. Puede ser que ella no lo entienda y su reacción tenga la capacidad de hacernos repensar nuestra vida entera.

3. Casillas o etiquetas

Mi mamá una vez me dijo: "Las mujeres tienden a encasillarse". Piensa cuán cierto es esto. ¿Con qué frecuencia te topas a una mujer que conoces e inmediatamente asocias su nombre con un par de palabras que indican lo que ella *hace*, etiquetándola de manera inconsciente por eso? Con frecuencia asignamos rótulos basados en un componente de la vida de alguien, incluso si lo hacemos sin intención. *Ella es fotógrafa. Ella es la dentista. Ella es madre y ama de casa. Ella es la chica más inteligente. Ella es la gurú del bienestar.* El problema que conlleva hacerle esto a otros es que, aunque es posible que sí sea la chica más inteligente, eso no es todo lo que ella es, ¿verdad? La hemos encasillado en una clasificación por un solo rasgo que percibimos. Como resultado, terminamos asumiendo que debemos encajar en las categorías en las que creemos que otros nos han puesto a nosotras.

Esto hace que sea muy difícil intentar algo nuevo, porque básicamente hemos creído que somos lo que hacemos. ¿Cómo salimos de aquí? Podemos probar dos alternativas. Primero: podemos dar pequeños pasos y efectuar cambios graduales cuando sentimos que es tiempo de cambiar de dirección. Segundo: tenemos que sentirnos cómodas sorprendiendo algunas veces a las personas e incluso hasta decepcionándolas de vez en cuando.

Un breve ejemplo personal verdadero es cuando la gente venía y me decía: "¡Oh, tú eres SoulScripts (el nombre de mi marca)!". Eso me hacía retorcerme. Quería gritar: "No, ¡yo soy Jordan! Soy mucho más que eso. No quiero ser reducida a eso". Aunque SoulScripts era una marca que yo creé, comencé a sentir como si estuviera escrita con marcador permanente sobre mí, estampando toda mi identidad. Entonces, un día decidí hacer un cambio que sentí que era un paso pequeñito en la dirección correcta hacia achicar las etiquetas y expectativas: cambié en mis redes sociales el nombre de mi marca por mi nombre personal. Esto puede sonar como algo trivial, pero en ese tiempo podía ser un gran riesgo. ¿Y no es eso, básicamente, lo que es un paso de fe hacia lo desconocido?

Entonces ¿qué puedes hacer? Comienza a visualizar tu vida como un sendero por el que transitar, no como una casilla en la cual acomodarte. Ese simple cambio de mentalidad te ayudará a seguir avanzando hacia lugares desconocidos —pero a menudo emocionantes—, en vez de permanecer estancada, atorada y cómoda.

4. El riesgo de pasar vergüenza

Creo que también dudamos de lanzarnos a nuevas oportunidades, ideas o intereses porque no nos gusta que la gente nos vea comenzar desde cero o que nos vea fracasar si todo sale mal. Cuando intentamos algo nuevo, la mayoría de las veces tenemos que empezar de cero. Yo no comencé hablando en grandes conferencias. Empecé haciéndolo en pequeños eventos, generalmente en lugares donde no había ni un escenario, y cada una de esas veces me sentí como un fraude.

Cuando finalmente me tocó hablar en un evento de envergadura, fui la chica que confundió el programa y subió al escenario en el momento equivocado sin siquiera darse cuenta. Hablando en serio, empecé a hablar sin darme cuenta de que la banda aún no había terminado con sus temas y no se suponía que yo estuviera en el centro de la plataforma. Cuando me di cuenta de que el muchacho del sonido había apagado mi micrófono y nadie podía oírme, miré alrededor y vi que la gente me observaba con los ojos bien abiertos. Podía sentir su pena por mí a medida que mis mejillas se ponían coloradas, hacía una reverencia y me retiraba rápidamente del escenario. Con mi nivel de confianza bajo cero, lo único que quería era esconderme en una cueva por el resto de mi vida.

Cuando el evento terminó, vino una jovencita y me dijo: "Gracias por haberte equivocado. Eso me recuerda que la gente que está sobre el escenario es tan humana como yo". *¿Qué?* ¿No es fantástico? Mi bochorno finalmente sirvió para animar a una chica. Y comprendí por primera vez que quizá la vergüenza sea una forma inesperada de empoderamiento. ¿Cuál es mi consejo? Que cambies tu percepción de la vergüenza. No es un obstáculo. Es dinamita que puede hacerte volar más allá de los confines de las murallas a donde tu orgullo te ha llevado.

Consejos para vencer el síndrome del impostor

Antes de cerrar este capítulo, quiero contarte algunas lecciones que aprendí sobre cómo vencer el síndrome del impostor. Si alguna vez te sentiste como un fraude, no te consideraste apta, te costó creer que Dios tiene un plan para ti o dijiste: "¡SOCORRO! No tengo idea de lo que estoy haciendo", presta atención porque esto es importante.

1. Haz más preguntas y déjate enseñar

Cuando comiences a sentirte inepta o como una impostora, es mucho mejor admitir que no estás segura y pedir ayuda, en vez de tratar de ocultarlo y actuar como si supieras lo que estás haciendo. Esto te quita la presión de tener todo resuelto y te da libertad para aprender, crecer e ir entendiendo a medida que lo haces.

2. Abraza tu realidad y comienza desde donde te encuentras

Cada vez que me siento insegura sobre mi edad o mi falta de experiencia o algún otro motivo, descubrí que me ayuda buscar en mi interior y ver de dónde proviene esa inseguridad. Me enfoco en lo que estoy preparada para hacer, en vez de mirar a todos los demás y frustrarme por lo que no soy capaz de hacer. Créeme, esto es mucho más efectivo.

Siempre habrá alguien que tiene su vida un poquito más clara que nosotras. Siempre habrá alguien un poquito más grande, más inteligente, más linda o más divertida que nosotras. Pero si puedo aprender a superar eso y apreciar a la persona que soy en este momento, seré capaz de levantarme y producir un impacto. Seré capaz de aceptar mi lugar y correr mi carrera. ¿Cuál es mi consejo? Deja de concentrarte en lo que no sabes o careces, y comienza a enfocarte en lo que haces bien ahora, incluso si solamente es con un marcador Sharpie y un trozo de papel de computadora.

3. Prepárate para fallar

Muchas personas te dirán que esperes fracasar, pero paran justo ahí. ¿Qué hay de bueno en esperar algo que no estás preparada para manejar? Si el meteorólogo me dice que se espera una tormenta de nieve y yo no me preparo subiendo la calefacción en mi casa, cambiando mis planes de viaje o echando sal en la entrada del garaje antes de que suceda, esa tormenta de nieve tendrá un efecto mucho peor en mi vida que si me hubiera preparado para enfrentarla.

Así que no te quedes simplemente esperando el fracaso, sino prepárate para ver cómo responderás cuando llegue. Sí, ten fe en que todo obrará para bien según la buena voluntad del Señor. Sin embargo, no te sorprendas si lo que ocurre no es lo que esperabas. En vez de reaccionar ante un error o fracaso inesperado, considera cómo responderás si lo que estás probando no sale conforme a tu plan.

4. Cambia tu perspectiva sobre el fracaso

Para sacarle provecho al inciso número tres, dejemos de utilizar tanto la palabra *fracaso*. A menos que te niegues a intentarlo o dejes de querer crecer, entonces no importa lo malo que resulte, no es un fracaso: es aprendizaje. El síndrome del impostor no lo superas con un superpoder de inmunidad a las fallas o porque eres una sabelotodo. Lo superas aprendiendo. Si siempre estás mirando los errores y las experiencias de aprendizaje, nunca fracasarás. Solamente aprenderás. Y cuando aprendemos, crecemos.

5. Ejecuta acciones de manera gradual e imperfecta

Cuando comencé con la caligrafía, carecía de un plan a cinco años. De hecho, me abrumaba el solo pensar en ello. Si me hubiera puesto la presión de tener todo resuelto desde el comienzo del negocio, probablemente ni siquiera hubiera empezado. Sin embargo, pude dar un primer paso aprendiendo sobre Etsy y abriendo una cuenta. Pude dar un segundo paso yendo a la tienda de manualidades y comprando algunos lienzos y pinturas. Pude dar un tercer paso encargando las bolitas de poliestireno por internet y luego pidiéndole ayuda a mis amigas.

Quítate la presión de encima, hermana. Nada de lo que intentes, nada en lo que pongas tus manos —ya sea la carrera de medicina, comenzar tu propio negocio o ser madre— será un producto terminado del día a la noche. Es sabio planificar. Pero si depende de tener todo resuelto o de simplemente buscar en lo profundo de tu corazón y dar pequeños pasos de bebé, yo voto por la última opción. Porque los pasos grandes son en realidad el resultado de decisiones tomadas de manera paulatina e implementadas de manera imperfecta, una a la vez.

Permítete soñar

Hermana, vas a poder encarar tus sueños sin descifrar solo cuando te des permiso para romper esquemas. Simplemente intenta nuevos proyectos y hazlo con todo tu ser a plenitud, no con una versión anterior de ti misma o una versión superada. No intentes ser la persona que crees que otros están esperando que seas. Sé tú, con ideas descabelladas, divertidas ocurrencias, sueños sin definir y falta de experiencia. Cuando lo hagas, cuando te afiances en la fe y te proyectes más allá de las etiquetas en las que tal vez estás envuelta, algo divino ocurrirá. Quizá incluso te topes por accidente con un sueño que desconocías.

Amiga, intenta hacer algo nuevo aun cuando todavía carezca de mucho sentido, porque no necesita tenerlo para que Dios pueda usarlo. Él tiene todo bajo control. Él te sostiene. Y eso significa que puedes hacer algo aparentemente pequeño, como garabatear en un papel de computadora, sin tener la más mínima idea de en qué se puede convertir, incluso *antes* de que la mujer de Texas lo compre. Y, aun así, todavía estar viviendo tu propósito.

CAPÍTULO 5

Supera la desilusión con una perspectiva *diferente*

Tal vez algo peor que abrirnos paso a través de sueños que no entendemos bien y del síndrome del impostor es aplastar los sueños que supuestamente entendimos. Especialmente aquellos en los que trabajaste duro. El resultado es la desilusión, lo cual puede debilitarte. La desilusión puede crear obstáculos adicionales como la duda, el desánimo, la ansiedad y la frustración.

Cuando nos sentimos decepcionados o cuando nuestros planes se hicieron mil pedazos, tener una perspectiva objetiva puede ser tan difícil como tratar de saltar una valla con un tobillo roto. Personalmente, cuando algunos aspectos de mi vida no marchan de acuerdo al plan, tiendo a estresarme y, por momentos, he dejado que el fracaso y la desilusión me sienten en el banco en vez de impulsarme a volver al juego.

Así es como nos sentíamos mi esposo y yo cuando éramos novios en la universidad y pensamos que teníamos un plan. Estábamos convencidos de que la plataforma de futbol americano de Matt sería clave en el cumplimiento de nuestro propósito. Pero cuando esa plataforma desapareció, lo cual inicialmente percibimos como un gran contratiempo, aprendimos lecciones de vida invaluables que voy a contarte.

Primero, te daré un poco de contexto. Matt y yo nos conocimos en la Universidad de Indiana cuando él estaba en tercer año y yo en segundo, justo en la época en que me uní a la hermandad AOII. Originario de Arizona, él hizo el camino hasta la vieja Indiana porque le habían dado una beca en el equipo de futbol. Aunque era excesivamente lindo y un atleta increíblemente talentoso, yo me enamoré de su humildad, su fe y su gran sabiduría.

Fuimos compañeros en el campus y teníamos amigos en común. Nos conocimos en la noche de un miércoles en el mes de noviembre. Nos sentamos en el viejo sofá del apartamento E3 y charlamos por horas, contándonos historias de nuestras familias, descubriendo las opiniones y los intereses comunes y contándonos nuestros sueños para el futuro.

Hasta el día de hoy, decimos que ese día fue como si nuestros corazones hubieran sido viejos amigos, a pesar de que estábamos viéndonos por primera vez. Durante la conversación, Matt mencionó que soñaba con jugar en la NFL [Liga Nacional de Futbol Americano] después de graduarse.

"¡Oh, qué bien!", le dije al descuido, encogiendo los hombros, tratando de no parecer una fanática. Después de ese encuentro, Matt me pidió que fuera oficialmente su novia y, con el tiempo, nuestra relación se fue tornando más seria. Siempre me gustaba ponerme su camiseta de práctica cuando había partido. Era como un privilegio para mí atravesar el campus y representar con orgullo a Matt Dooley, el número 91.

Mientras más salíamos juntos, más estaba expuesta a la vida de un atleta: entrenamientos a las cinco de la mañana, dos veces al día, agentes, contratos, controles antidopaje, manuales de estrategia, películas, más películas, dietas especiales y mucho más. Cuando comenzamos a hablar de casamiento, mientras él entrenaba para el reclutamiento que se aproximaba, me di cuenta de que seguir su sueño de jugar en la NFL sería, inevitablemente, parte de nuestra vida en común.

Una parte de mí lo consideraba emocionante. Era divertido alentarlo desde la tribuna, ayudarlo a decidir cuál sería el mejor agente y ser parte de toda la preparación y el proceso. Por otro lado, sentía que todo esto era bastante estresante. No era una de esas situaciones en donde uno puede trazar un plan de acción claro. Los imprevistos y posibilidades eran innumerables y las certezas, muy pocas.

Aun así, teníamos muchísima esperanza de que todo saliera del modo que deseábamos. Varios cazatalentos de la NFL felicitaron a Matt en el evento previo al reclutamiento realizado en la universidad y quedó clasificado en el ámbito nacional entre los cinco mejores de su clase en su posición. Además de esto, su agente parecía estar convencido de que él sería un ganador seguro.

Quizá debiera mencionar que cuando un hombre persigue algo como la NFL, pone todos los huevos en una sola cesta. Todo consejero sabio te dirá que eso nunca es inteligente, pero cuando se trata de algo tan grande y elitista como la NFL, no puedes darte el lujo de dedicarle solo el setenta y cinco por ciento de tu atención. A diferencia de los otros estudiantes de tercer año, no puedes perder el tiempo buscando un empleo de refuerzo. Tienes que enfocarte solo en eso. Es todo o nada.

Un poco antes del reclutamiento, esa primavera, Matt dejó el campus y se mudó a una ciudad cercana para entrenar a tiempo completo por seis semanas. En una ocasión en que lo visité, me mostró el enorme lugar donde entrenaba cada día. Luego me presentó a los otros chicos con los que estaba entrenando, algunos de los cuales luego serían seleccionados en la primera y segunda rondas de reclutamiento.

Todo era fascinante, muy glamoroso.

El día de reclutamiento llegó e invitamos a un grupo de amigos a una pequeña fiesta. Queríamos celebrar con nuestra gente cuando Matt recibiera el llamado.

Como él era un "centro largo", una posición especial, esperaba que lo inscribieran como autónomo. Un jugador autónomo es alguien a quien lo selecciona su equipo cuando terminan las siete rondas de selección. Basado en lo que le habían dicho los profesionales de la liga, los equipos comenzarían a seleccionar unos minutos después de que terminara la séptima ronda. Matt tendría que elegir el equipo en el que tuviera mayores posibilidades de romper el récord del centro largo veterano y, de esa forma, garantizar un puesto en la lista final en el otoño.

Me pidió que estuviera con él cuando llegaran las llamadas para que pudiera tomar notas por él con el objetivo de pasárselas a su agente antes de tomar una decisión final. Estábamos listos. Mientras que nuestros amigos esperaban en la sala de estar, me senté junto a Matt con el bloc de notas y el bolígrafo escogidos especialmente para esa ocasión. Se sentó con los brazos cruzados, mordiéndose con ansiedad la uña del dedo pulgar y esperando a que el teléfono sonara. Estábamos muy ansiosos por conocer el próximo paso en nuestro camino.

Pasaron cinco minutos y el único sonido que se oía era el tictac del reloj de pared. *No pasa nada, ¿verdad?*

Pasaron diez minutos. *Quizá estén ocupados.*

Quince minutos. Llamó su agente. Los Vikingos de Minnesota habían llamado para expresar interés, pero no habían hecho ninguna oferta. *Una buena señal pero no lo que necesitamos.*

Pasaron veinte minutos. *¿Será que no se pueden comunicar? ¿Estará todo bien con el servicio de celulares?*

Treinta largos minutos. *Todavía nada.*

Cuarenta minutos. El ceño de Matt estaba fruncido, comenzó a transpirar y dijo:

—¡Algo anda mal! ¡Esto se está retrasando demasiado!

Los minutos se estiraban y cada uno parecía más largo que el anterior.

Los mensajes de texto corrían entre familiares y amigos: "¿Alguna novedad?" o "¿A dónde nos vamos, Matt?".

Pasaron cuarenta y cinco minutos. Otros jugadores autónomos y seleccionados anunciaban su nuevo hogar en internet. Un amigo se iba a Atlanta y otro hacía las maletas con destino a Kansas City.

A la hora, el teléfono seguía sin sonar. Fuimos a la sala de estar a ver a nuestros amigos, que todavía estaban a la expectativa de buenas noticias y listos para celebrar. Su expresión cambió en el momento que vieron nuestra cara de decepción. Esta situación no tenía sentido. El agente de Matt tampoco tenía respuestas. Parecía tan confundido como nosotros.

Tratamos de ensamblar las piezas, pero no podíamos llegar a una conclusión. Estábamos atascados y sin un plan B.

Ansiosas por obtener respuestas

No fue sencillo presenciar cómo los planes y el propósito de la vida de mi amado se evaporaron delante de sus ojos. Ese día sentí el aguijón en Matt, el aguijón de la desilusión que viene cuando los sueños se rompen y los planes estallan en pedazos, especialmente cuando sucede sin explicación. Y, con franqueza, me perforó a mí también. Aunque yo no era la que estaba en el campo de juego, sentí como si hubiéramos estado persiguiendo juntos el mismo sueño, por lo involucrada que había estado y lo mucho que habíamos planeado juntos el futuro.

Quizá tú hayas sufrido una gran decepción o dedicado años de trabajo a algo que luego falló. Tal vez te hayas caído de espaldas o hayas visto cómo te robaron la oportunidad por la que tanto trabajaste. Tal vez los planes que hiciste o el propósito que pensabas que era seguro estalló en cuestión de segundos y no puedes entender el porqué.

En esa noche tan decepcionante y confusa, Matt se las arregló para mantener la compostura. Yo, por otra parte, no pude contener las lágrimas. Estaba lista para que él diera el próximo paso, para empezar a vivir lo que pensábamos que era la próxima pieza en el rompecabezas de nuestro propósito. En cambio, parecía que todo nuestro plan se había derrumbado hasta convertirse en un montón de oportunidades perdidas y sueños destrozados. Sufrí por él. Sufrí por nosotros. Me dolía la desilusión y esperaba con ansiedad las respuestas.

¿Qué se hace cuando todo lo que pensabas que querías se hace trizas? ¿Qué se hace cuando tus sueños ahora parecen estar fuera del alcance y ya no alcanzas a ver el que creías que era tu propósito?

Quizá tú haces lo que yo hice: buscar respuestas. ¿No es eso lo que todas hacemos? Elucubramos razonamientos, explicaciones y rumbos.

- *¿Por qué sucedió?*
- *¿Qué debería hacer ahora?*
- *¿Cómo puedo arreglarlo?*

Cuando no aparecen las respuestas enseguida, duele, y a veces nos impide seguir avanzando. Anhelamos claridad, pero quizá el verdadero propósito exige cercanía con Dios. Cuando me pongo impaciente, no obstante, cambio la cercanía por claridad, justo cuando Él me está impulsando a insistir y a confiar en que hay un plan más grande.

En ese otoño, a Matt lo probaron varias veces para contratarlo, pero nada de eso sucedió. La esperanza iba mermando y él comenzó a buscar un empleo para subsistir, pues no parecía que lo fueran a reclutar pronto.

Más adelante, ese año, mientras estaba trabajando para una compañía de dispositivos médicos, recibió una llamada de la nada. Los Pittsburgh Steelers querían entrenarlo. Estábamos muy contentos, pero no se lo dijimos a nadie. No queríamos que nuestros familiares y amigos volvieran a esperanzarse para luego desilusionarlos otra vez. Pero después del entrenamiento de Matt, sucedió.

¡Lo seleccionaron! Yo gritaba y saltaba cuando me llamó para contarme porque no podía contener la emoción.

¡Finalmente lo había logrado! Lo agregaron a la lista de la pretemporada y le dieron la camiseta número 42. Era oficial. A estas alturas, ya habíamos estado comprometidos por seis meses y habíamos cambiado la fecha de la boda varias veces por los planes siempre fluctuantes de su profesión. Ahora, por fin, el año de incertidumbre se estaba acabando. Todo se estaba dando. El sueño se estaba haciendo realidad. O eso pensábamos...

A lo largo de los meses de primavera y verano, Matt vivió en Pittsburgh, entrenando y practicando, trabajando duro para asegurarse un lugar en la ronda final. Yo vivía con mis padres y planificaba la boda, ahora programada para el fin de semana del Día del Trabajo. Luego nos enteramos de que, alrededor de esa fecha, los equipos hacen la depuración de la lista. Pero ya era demasiado tarde para volver a cambiar la fecha. No fue estresante en absoluto... (Por supuesto que estoy bromeando).

Creo que en esos meses oré lo que nunca había orado en toda mi vida, aferrándome a la esperanza de que Matt lo lograría, que todavía conservaría su trabajo en la NFL cuando nos casáramos.

Seguro estás pensando: *¿Cuál es el problema? Incluso si lo dejan fuera, ¿no tiene ahorrados unos cuantos dólares de cuando firmó el contrato?* Haz una pausa aquí, hermana, porque esa no es toda la verdad. Permíteme ofrecerte un atisbo de lo que hay detrás de la cortina. Lo que la mayoría de la gente no sabe acerca de los autónomos de la NFL es que muchos de ellos no ganan un salario "en grande" hasta que son agregados a la ronda final. Hasta que la pretemporada termine y la temporada comience, no ganan demasiado. Todavía nos reímos del hecho de que Matt aceptó una reducción de sueldo para firmar con los Steelers. Como un novato autónomo, no tenía un bono y su ingreso semanal apenas alcanzaba para pagar las cuentas. Yo estaba trabajando a medio tiempo, pero no había buscado una posición de tiempo completo porque esperábamos mudarnos a Pittsburgh ese otoño.

Mi ingreso no era suficiente para mantenernos a los dos, y él no disponía de ahorros como para sostenernos si lo echaban del equipo. No teníamos un plan B. Nuestro sostén dependía de que Matt sobreviviera todas las rondas eliminatorias que enfrentaría en agosto. Una mañana, a solo trece días de nuestra boda, mamá y yo estábamos revisando las invitaciones cuando sonó el teléfono, notificándome que tenía un mensaje de texto. Yo esperaba un "buenos días" de parte de mi Steeler, como recibía cada mañana.

Antes de agarrar el teléfono, pude visualizar dos pequeñas palabras que cambiaron todo. Dos palabras que hicieron que mi corazón se paralizara. Las dos palabras que no hubiera querido leer nunca: "Me despidieron".

Eso es todo. Eso fue todo lo que escribió. Yo no sabía si llorar o hacerme un ovillo. O los dos. Sueños aplastados, segunda ronda.

Yo estaba preocupada. Estaba enojada. Y, otra vez, quería respuestas que sabía que probablemente nunca llegarían.

¿Por qué pasó todo esto después de haber trabajado tanto? ¿Por qué sus esfuerzos acababan terminando en decepción? Nos íbamos a casar en trece días y no sabíamos dónde viviríamos, dónde trabajaríamos o cómo haríamos para sostenernos. ¡*Grandioso!*

¿Cómo sigues adelante cuando recibes esas noticias contrarias a todo por lo que has estado orando? ¿Cómo sigues cuando el plan A se derrumba y no tienes un plan B? ¿Cuando estás a punto de entrar en una nueva etapa de tu vida con cero sentido de seguridad y ninguna idea de lo que sucederá luego?

Un par de semanas más tarde, pronunciamos nuestros votos en una pequeña capilla blanca y transitamos el pasillo hasta el altar como marido y mujer sin un plan en el horizonte más allá de ese día. Cuando la familia y los amigos arrojaron arroz en nuestro cabello y entramos al viejo Studebaker en el que huiríamos, me invadió ese sentimiento abrumador de emoción que viene cuando le dices que sí a alguien o algo que amas, antes de saber cómo se resolverá todo.

Y aprendí que dar pasos gigantes antes de que hayas comprendido tu propósito es simple, aterrador y hermoso a la vez. Tal vez un pequeño riesgo como este hace la vida más divertida y más digna de ser vivida, después de todo.

En esos primeros cinco meses nos las arreglamos para vivir la temporada más insegura de nuestra existencia, anhelando las respuestas, pero a menudo quedándonos con la incertidumbre. Comencé a preguntarme si acaso Dios no nos da las respuestas que esperamos porque nos incita a pasar menos tiempo tratando de entender y más tiempo con la fe puesta en lo que Él está haciendo. Tal vez las piezas rotas que vienen con la desilusión, frustración y fracaso nos preparan para un propósito que nunca podríamos haber imaginado por nuestra cuenta. Tal vez eso es lo que verdaderamente necesitamos.

Lecciones importantes que tuvimos que aprender

Hace poco, recibí un mensaje de texto que me conmovió: "Las lecciones más importantes de la vida son las más difíciles de aprender".

No había escuchado algo tan cierto en mucho tiempo. Las lecciones más importantes son las que no podemos pasar por alto, las que aprendemos en las situaciones más desafiantes, desesperantes o decepcionantes de la vida. Nuestra búsqueda del sueño en la NFL no salió de la manera que planeábamos o esperábamos, pero eso no significa que nuestra vida resultó ser menos maravillosa o que carecía del propósito que hubiera tenido si este sueño hubiera funcionado a largo plazo.

Esos años de incertidumbre trajeron consigo mucha frustración, pero también me enseñaron mucho acerca de una vida significativa (no solo feliz o confortable). Si sientes que tus planes se hicieron pedazos, tus sueños se rompieron o las desilusiones te robaron el propósito, ¿puedo darte la mano y susurrarte al oído un par de lecciones vitales que yo tuve que aprender?

1. Cambia tu mentalidad

Es cierto, no ganamos suficiente dinero como para sostenernos con la carrera de Matt en la NFL, que fue de corta vida, hubo más desilusiones que sueños hechos realidad y ciertamente no llegó tan lejos como a él le hubiera gustado. Sin embargo, tuvimos que dejar de decir que no funcionó..., porque en realidad sí lo hizo. Tuvimos que cambiar por completo nuestra mentalidad de "eso fue un fiasco" a "eso fue una bendición" porque nos dimos cuenta de que, de hecho, todo terminó siendo como se suponía que debía ser, incluso si no era lo que deseábamos.

¿Tuvimos tiempo de procesar nuestra desilusión? Por supuesto que sí. Hay sabiduría en permitirte sentir lo que estás experimentando. Pero si miras cada decepción en la vida como un obstáculo en vez de verla como una oportunidad, te convertirás en alguien que se regodea en el lamento. Las personas que se abandonan a la autocompasión dejan que la vida les pase por encima en vez de sacar el mayor provecho de ella.

A menudo recuerdo lo que mi padre me decía cuando era niña y debía enfrentar algo con sabiduría en vez de hacerlo con quejas: "¡No estamos criando debiluchas por estos lados!".

Puede sonar un poco duro, pero mi papá es un tipo jovial. Dice todo con una gran sonrisa y una actitud positiva. Así que cuando me recuerda que no me crio para ser debilucha, no quiere decir que no debo sentir o luchar. Siempre me ha dado mi espacio para procesar las emociones y pelear ante la vida. Pero eso es todo: me ha dado espacio para pelear ante la vida, pero nunca me alentó a echarme atrás ni a dejar que los desafíos me ganen la partida. Cuando me recuerda que no soy una floja, me está recordando que no tengo que conferirles a las desilusiones de la vida el poder de vencerme. No siempre puedo evitar ser derribada, pero siempre puedo elegir si me levantaré y devolveré el golpe con un propósito. Y tú también puedes hacerlo.

2. No confíes en el proceso

Cuando vinieron los altibajos en la NFL, muchas personas nos dijeron: "Solo confíen en el proceso; todo se arreglará". Pero cuando el proceso no dio los resultados esperados y demostró ser poco fiable, Matt y yo aprendimos que debíamos dejar de confiar en la NFL, o en cualquier sueño que pudiéramos tener, porque ese es un dios débil que nos iba a decepcionar la mayoría de las veces. Teníamos que dejar de confiar en el proceso porque está lleno de baches y de trampas. En cambio, teníamos que empezar a confiarle a Dios el proceso.

La preocupación e inseguridad pierden fuerza cuando entiendo que no tengo el control (no importa cuántas oraciones eleve) y que no puedo confiar en nada fuera de Dios. No puedo controlar lo que me sucede, solo puedo elegir cómo responderé ante ello. Lo mismo va para ti. Lo único que puedes controlar es tu reacción cuando tus mejores planes se hagan añicos. Puedes elegir poner tu fe en el proceso inestable o confiar en que un propósito más grande siempre irrumpirá en medio de tus planes cuando Dios tiene pensado algo mucho mejor para ti.

Y, oye, tal vez aquello que sale torcido sirve para que Dios pueda enderezarnos a nosotras.

3. Olvídate del programa

Por un tiempito, Matt y yo pensamos que la NFL iba a ser nuestra plataforma de despegue, pero cuando colapsó, entendimos algunas cuestiones. La primera es que ya contábamos con una plataforma en nuestra pequeña esfera de influencia, incluso si no era un gran escenario. Lo segundo es que no necesitamos una gran plataforma o programa para vivir nuestro propósito (y, sinceramente, qué arrogante es esa clase de pensamiento).

Si tenemos uno, está bien, pero allí no está basado nuestro propósito. En cambio, entendimos que solo necesitamos amar a las personas. El propósito radica en cómo estamos presentes en nuestra esfera de influencia y cómo amamos a la gente. No se requiere de ningún programa para eso. No se necesita un gran nombre, una organización prestigiosa o un empleo que impresione. Estar presentes para otros pueden hacerlo tanto un estudiante que esté quebrado como un gran empresario. En vez de intentar presumir, cada uno de nosotros puede elegir estar presente para otros y darles lo que posee.

Tal vez necesitamos fracasar en lo que pensamos que queremos para aprender a ser leales con lo que ya tenemos en ese momento específico. Recordar esta lección me ayuda a conservar una perspectiva saludable sobre cualquier influencia o plataforma existente, sea una posición de liderazgo local, en línea o incluso en la pequeña comunidad de mi vecindario.

¿Qué esferas de influencia estás pasando por alto porque estás muy enfocada únicamente en aquella que te gustaría alcanzar? En otras palabras, ¿estás ignorando cómo podrías tener un impacto positivo en tu vecino de al lado o en esa suegra difícil porque estás demasiado enfocada en la influencia que te podría dar un ascenso laboral o un premio?

En el curso de esos dos años, aprendí que el futbol americano no era la clave para alcanzar nuestro propósito después de todo, y que este no podía y no debía supeditarse a algo temporal y tan impredecible. Quizá esa hubiera podido ser una forma específica de llevar a cabo nuestro propósito, pero no habría sido el propósito en sí mismo.

Cuando me obsesiono con tener una gran plataforma o me abruma la presión por demostrarles quién soy a las personas, necesito pararme frente al espejo y decirme esto en voz alta: "Concéntrate en amar a las personas más que en hacer que ellas te aprecien".

Otra vez, recordar la razón de ser por sobre las situaciones específicas. Los roles específicos o nuestras plataformas no son nuestra razón de ser. Son lugares desde donde llevar a cabo el propósito, pero no son el punto principal.

Ni tu cargo, ni tu carrera profesional, ni ningún otro medio de influencia son tu propósito. Esas son simples maneras de llevar adelante el propósito dado por Dios y que, en realidad, ya posees.

4. Desarrolla una actitud de gratitud

Hermana, la decepción te arrebatará toda tu determinación y motivación si no eres agradecida por la experiencia que ella te brinda. La queja tornará una decepción en tu vida en una cárcel. Allí es donde te sientes estancada. Allí es donde yo me estanqué anteriormente. Por otro lado, la gratitud puede convertir una decepción en una lección que redirija el curso de tu vida, desde lo que piensas que deseabas hacia aquello para lo que fuiste creada.

No sé tú, pero yo no quiero ser esa chica que permite que las complicaciones la detengan. Quiero ser la clase de mujer que mire a las desilusiones a la cara y les diga: "¿Sabes qué? ¡No te tengo miedo! Estoy agradecida por ti porque serás una lección que me moldeará conforme a lo que debo ser".

No estás perdiéndote algo

Creo que vivimos en un mundo lleno de personas con miedo a dejar pasar algo o perderse algo que en realidad ya poseen. FOMO es un acrónimo en inglés que significa "miedo a perderse algo" [*fear of missing out*], y es un gran problema. Dondequiera que miro, veo gente joven comprometiéndose financieramente en exceso y obsesionada con una noción de que se pierden algo en la vida si no van a un lugar particular o asisten a cierta función social. Mi hermano y yo hace poco discutimos este fenómeno y él me contaba lo que observaba entre sus pares. Hablamos sobre cómo parece que muchos están insatisfechos con lo que son porque están persiguiendo alguna experiencia que ven a otros vivir a través de las redes sociales.

Luego, sacudió la cabeza y dijo: "La zanahoria es un holograma". ¡Santo Dios! Está en lo cierto. Parece tan real, ¿no es cierto? La promesa de que estarás satisfecho si te mudas a esa gran ciudad moderna a los veinte años, o consigues ese empleo por el que has estado trabajando tan duro, o te tomas esa foto genial y la publicas en Instagram y demuestras que eres importante.

En el instante en que agarras la zanahoria que está flotando delante de ti —te cambias de ciudad, consigues ese empleo o publicas esa foto genial—, no recibes una satisfacción duradera. Inmediatamente avanzas hacia lo próximo que crees que te estás perdiendo. Y nunca se detiene. La zanahoria es una falsa promesa de plenitud. No es nada más que un holograma. ¿Todavía crees que cuando tu sueño se cumpla será lo único que te llene o que decidirá tu próximo paso y revelará tu propósito escondido?

Una cosa es ponerse metas y ser diligentes e intencionales al trabajar por ellas aquí y ahora. Pero debemos mantenernos bajo control, porque vivir con temor acerca de lo que nos estamos perdiendo, en vez de enfocarnos en lo que realmente estamos logrando, atenta contra nuestro gozo, confianza y el impacto que podemos tener justo donde nos encontramos ahora.

¿Sabes qué más hace esa clase de pensamiento? Nos predispone a quedarnos atascadas en la desilusión en vez de avanzar en direcciones importantes.

Cuando reviso nuestro desafiante, pero aleccionador, primer año de matrimonio, estoy agradecida de que no todo haya resultado como deseábamos. También me doy cuenta de que no nos perdimos nada que estuviéramos destinados a alcanzar en primer lugar. Si nuestros planes hubieran salido como inicialmente esperábamos, probablemente no nos hubiéramos ido a vivir a la ciudad natal de Matt y no hubiéramos podido pasar junto a su abuelo los que resultaron ser los últimos meses de vida de Pop-Pop. Claro, eso no se ve muy sofisticado, pero ¿sabes qué?, a veces ese glamur que perseguimos es insignificante. Por el contrario, a veces nuestras acciones menos glamorosas son las más importantes.

En ese sentido, si Matt hubiera llegado a la ronda final ese año, yo no estaría escribiendo este libro. Es probable que no hubiera sido algo que yo hubiera deseado alcanzar. Si no nos hubiéramos decepcionado en ese tiempo, no hubiéramos descubierto todos los sueños que ni siquiera sabíamos que teníamos para este tiempo.

Tal vez aún más importante es el hecho de que no hubiéramos aprendido, a un nivel tan personal, el efecto que tiene aprovechar el poder de nuestra influencia en espacios que pasan desapercibidos y lugares comunes y corrientes. Es sencillo impactar en lo que se ve y aplaude en los grandes escenarios, pero quizá la bondad esté verdaderamente en lo ordinario de cada día.

Ahora, cada vez que descubro que estoy sintiendo la presión de hacer algo que luzca impresionante o atrapada en la mentira de que me estoy perdiendo algo, tengo que centrarme, revisar mi corazón y preguntarme con sinceridad: *¿Estoy perdiendo de vista algo que está justo delante de mis narices porque estoy demasiado preocupada con la noción de estarme perdiendo algo?*

Te desafío a que hagas lo mismo. Quizá no hayas perdido lo que realmente importa, después de todo. Quizá lo que crees que querías no es un sueño roto, sino un paso mucho mayor.

No dejes pasar lo que está delante de ti porque estás encaprichada con lo que está detrás de ti. Hablo en serio. No hay lugar para el temor a perderse algo, porque eso es solo una percepción, no una realidad. Si tus planes no salen como deseabas, hay una razón. Solo mantén tus ojos bien abiertos para ver que algo nuevo está sucediendo en tu vida.

Si sientes que realmente metiste la pata o perdiste una gran oportunidad, por favor reconsidéralo. Quita tu mirada de lo que no salió bien y cambia tu foco de atención durante cinco segundos. No pases por alto el propósito y la oportunidad que está justo frente a ti. Regresa a lo que de veras importa, no a lo que crees que te perdiste.

Porque, sinceramente, ¿qué provecho obtiene una mujer si gana todo el mundo, pero pierde su vida?[1]

CAPÍTULO 6

Supera la vergüenza abriendo tu *corazón*

Te diré la verdad. La báscula me desesperó por mucho tiempo. Se convirtió en un detonante para mí desde que una vez, cuando era niña, el doctor me pesó durante un examen médico y dijo que estaba en el percentil nonagésimo de mi altura y peso.

Aunque eso no significaba que yo tuviera sobrepeso o que no estuviera sana, mi mente de nueve años lo tradujo como: "Ella es como Pie Grande".

También me desarrollé muy temprano físicamente, y no me ayudó en absoluto que a los once años una niña menuda y bonita me dijera que yo tenía muslos gruesos o que los niños preguntaran si yo había rellenado mi sostén.

Aunque era una de las más altas y corpulentas de la clase, en el bachillerato dejé de crecer tan rápido y todas las demás me alcanzaron. Ahora, como adulta, tengo un tamaño promedio y un peso saludable. Aun así, las niñas quedamos marcadas por lo que sucede durante los primeros doce años de nuestra vida, y tener que pararme siempre al fondo junto a los varones para las fotos de la escuela, para que las niñas más pequeñas pudieran pararse al frente, me convirtió en una persona insegura.

Lo que quiero decir es que esas mentiras que creí acerca de que era demasiado grande durante mis años formativos me causaron de todo, menos una sana estima por mi cuerpo. Tuve que batallar contra mi mente para mantener hábitos saludables. Y, por un tiempo, desarrollé una relación muy enfermiza con la comida y el ejercicio.

Todo comenzó hacia el final de mi primer año de la universidad, mientras me probaba un bikini color rosa para el verano. Dentro del probador de la tienda, una inseguridad que ya me resultaba conocida se manifestó. Y no me gustaba la chica que me miraba fijo desde el espejo.

Entonces, comencé a ponerme en forma tan rápido como fuera humanamente posible. En ese momento, pensaba que simplemente estaba haciendo ejercicio y comiendo bien, pero ahora es obvio para mí que era mucho más profundo que eso. No era simplemente inseguridad, también estaba tratando de recuperar el control porque mi vida había comenzado a ser un lío.

Mis buenas intenciones de comer sano y hacer más ejercicio pronto se volvieron una obsesión al empezar a contar las calorías, privarme de ciertos alimentos y hacer ejercicio de manera extrema. Al restringir las calorías y hacer demasiada gimnasia, perdí muchas libras innecesariamente. Me hice adicta al progreso, a mirar el número en la báscula descender semana a semana. Mi rostro se tornó demacrado y los niveles de energía se desplomaron. Aun así, seguía esforzándome.

Mis padres se preocupaban cada vez más al ver lo peligrosamente delgada que estaba. Yo les decía que no era gran cosa, que no había razones para preocuparse. Les expliqué que, simplemente, estaba entrenando para un medio maratón que planeaba correr en honor al fallecimiento de Nana, pues tendría lugar el último fin de semana de octubre, exactamente a un año de su muerte.

Pensaba que los engañaba, pero mi mamá se daba cuenta de todo. Luego, supe que ella estaba tan intranquila que había hablado con un doctor para saber qué comportamientos debía observar o qué debía hacer si continuaban. Siempre había sido muy buena vigilándome, incluso cuando yo no me daba cuenta.

El doctor le explicó que este tipo de conductas a menudo son algo más que inseguridades con la imagen corporal. En otras palabras, no es meramente algo físico, sino que puede ser psicológico. Luego él le preguntó si recientemente había habido cambios importantes o experiencias traumáticas en mi vida, a lo que ella le respondió que yo estaba procesando un puñado de situaciones a la vez, que iban desde la pena por la pérdida de Nana hasta la adaptación a la universidad y, en medio de eso, estaba lidiando con una separación.

Con esa información, el médico dijo que mi comportamiento extremo y las restricciones que me imponía eran, probablemente, una respuesta a esos desafíos emocionales, pero que seguramente mejoraría una vez que completara el medio maratón. En vez de intervenir de inmediato, le recomendó a mi mamá que monitoreara mi peso y le dijo que si la dieta y el ejercicio extremo continuaban después de la carrera, sería necesario que me revisara un médico.

Cuando regresé a la facultad en agosto, mamá me dio una báscula y me exigió que le enviara una foto de mi peso cada semana. Como yo no estaba al tanto de su entrevista con el doctor, al principio me enojé y traté de convencerla de que todo estaba bien y que ella estaba reaccionando excesivamente. De todas maneras, insistió. Y así, como un relojito, le envié cada semana una imagen de mi peso.

Cuando se acercaba el día de la carrera, mi conducta se hacía cada vez más extrema. Cuando mi compañera de cuarto me escribió para preguntarme sobre las reservas de píldoras para adelgazar que encontró en mi cajón, inmediatamente le pregunté por qué había estado revisando mis pertenencias, evadiendo por completo su preocupación. Ufff. Solo de pensar que alguien creyera que yo tenía un problema me sentía muy incómoda y cohibida.

Siendo la clase de chica que trataba de proyectar una imagen de tenerlo todo resuelto, a menudo negaba —incluso a mí misma— la posibilidad de estar al borde de un desorden alimenticio. Después de todo, si nuestros problemas no tienen un nombre, son más fáciles de negar. Sumado a eso, yo era la chica que lideraba los grupos de jóvenes, la que sacaba las mejores calificaciones y hacía proyectos de voluntariado. No podía soportar ser vista como alguien con problemas o que luchaba con su baja autoestima. No quería esa clase de etiqueta colocada junto a mi nombre. Quería que me vieran como "Jordan, la buena alumna", "Jordan, la líder del grupo de jóvenes" o "Jordan, la chica de la hermandad" (no "Jordan, la chica del problema").

Bueno, la última semana de octubre llegó exactamente un año después de la muerte de Nana. Con lágrimas en los ojos, corrí el infernal medio maratón. Para ser sincera, fue sanador para mí. Fue como una manera de finalmente soltar todo el dolor que había cargado en el último año. Me ayudó a ver que podía seguir con mi vida y superar mi reciente separación y, al cruzar la línea de llegada, me di cuenta de que era más fuerte de lo que pensaba.

Después de finalizar la carrera, mi relación con la comida y el ejercicio comenzó a mejorar, pero no volví a la normalidad de inmediato. Aunque mi comportamiento mejoró lo suficiente como para tranquilizar a mi mamá, me llevó un tiempo lograr una perspectiva saludable y desarrollar buenos hábitos otra vez. Me tomó aún más tiempo comprender lo intenso que había sido todo.

No cuento esto como una historia triste para hacerte llorar, sino que lo hago porque sé que muchas mujeres y chicas se encuentran peleando batallas similares. Así que, independientemente de los detalles de mi historia, es necesario hablar de estos asuntos.

Desconozco tu historia. Espero que de ninguna manera tengas que lidiar con este comportamiento dañino. Pero si lo hiciste, o si ahora mismo estás en medio de una situación similar, no estás sola. A lo mejor estás parada en ese vestidor después de un año difícil y odias lo que ves en el espejo. O quizá comenzaste el viaje hacia una mejor salud con muy buenas intenciones, pero, de algún modo, esas intenciones se descarriaron en el camino y se transformaron en algo que ahora se ha convertido en una obsesión. Esto puede deberse a numerosas razones, pero si ese es el caso, permíteme decirte algo: por favor, no aceptes una obsesión o una restricción extrema como tu nueva normalidad. Pon un límite y busca a alguien que te pida cuentas constantemente, para que no caigas en negación o en hábitos dañinos como yo lo hice. No hay razón para transitar esto sola.

Tal vez ya has pasado por eso y estás luchando con algo más severo. Quizá has estado peleando esa batalla por más tiempo que yo, sintiéndote atrapada en el fondo e incapaz de salir del pozo. Primero, quiero decirte que no es aquí donde termina tu historia y, te lo juro, no te quedarás estancada allí para siempre.

No estoy diciendo que entienda exactamente tu experiencia o la batalla que has peleado. Sé que mi experiencia con este tipo de asuntos fue de algún modo situacional y relativamente corta comparada con la de muchas de ustedes. De todos modos, el año en que sometí mi cuerpo a medidas tan extremas cobró la factura. Y aunque nuestras historias puedan diferir, no quiero que eso me impida hablar de ello. Aprendí que si sacamos a la luz nuestras batallas, no nos sentiremos tan abatidas por ellas como cuando estábamos peleando en secreto.

Mira, aunque el comportamiento extremo lentamente fue cediendo después de correr el medio maratón (hablaré más de eso al final del capítulo), eso no significa que me liberé completamente. Durante la mayoría de mis años en la universidad, seguí calculando mi mérito según el número que veía en la báscula cada mañana. Si era más bajo que el día anterior, me sentía bien. Pero si había aumentado, me sentía avergonzada al mirarme en el espejo.

A través de esa experiencia, aprendí que cuando dejamos que las mentiras se transformen en etiquetas (como por ejemplo "muslos gruesos" o "la chica del problema"), nos veremos a través de los lentes de la vergüenza. Y cuando nos vemos a través de esos lentes, no estamos viendo la realidad. Vemos lo que está mal en nosotras, en vez de ver quiénes somos. Contemplamos una visión distorsionada de lo que realmente hay allí.

Siempre encontraremos alguna clase de báscula —la aprobación de los demás o algo por el estilo— para medir nuestro valor personal. Y acudiremos a ella cada mañana, con la esperanza de que un poquito de progreso es todo lo que necesitamos.

Nuestras inseguridades y expectativas irreales moldean la persona que creemos que debemos ser, y nos llevan a esconder la que de verdad somos, solo para demostrar nuestro valor.

Esa fue mi historia por casi un año. En silencio contaba las calorías, hacía ejercicios extra y engullía docenas de píldoras a base de té verde cuando nadie me miraba. Si alguien expresaba algo de inquietud sobre el peso que estaba perdiendo, yo sonreía y le aseguraba que todo estaba bien, hasta que yo misma lo creía.

Aun cuando todo mejoró, nunca hablé de ello. De hecho, debido a que empezó a mejorar, no sentí la necesidad de hablarlo. Quería hacer de cuenta que nunca había llegado a tales extremos y olvidarme de todo el capítulo. La negación se volvió mi normalidad. Se convirtió en la puerta detrás de la que me escondía. Eso fue hasta un día, como dijo Will Smith, en que "mi vida se volteó patas arriba".

Te contaré la historia, pero te recomiendo que te pongas cómoda y te abroches el cinturón porque vamos a ir bastante profundo, muy rápido.

La puerta que nunca abrí

Quiero introducir esta parte explicándote que no pretendo imponerte mi fe, pero tampoco voy a esconderla. Si esto te pone incómoda, bueno, tal vez eso sea bueno. El crecimiento viene cuando abandonamos nuestra zona de confort.

No estoy segura de si crees en Dios o sigues a Jesús. Con sinceridad, hasta ese momento en particular de mi vida del que estamos hablando, no estoy segura de si yo misma lo hacía. Es decir, crecí asistiendo a la iglesia y participé en un montón de actividades de los grupos juveniles y de estudio bíblico, pero todavía había algo que no sentía real. Quizá sabes de lo que hablo. La gente en la iglesia me parecía inaccesible y rígida.

De hecho, sentía a la iglesia como eso que me mantenía en un rumbo recto y angosto, algo así como una tradición a seguir más que algo real, activo y vivo en la vida. En mi mente asociaba a Jesús con los bancos de una iglesia, faldas largas y miradas reprobatorias de mi maestra de religión de undécimo grado.

Cuando comencé la universidad, continué asistiendo a la iglesia y siguiendo las reglas, principalmente por dos motivos: temor y culpa. Quería tener una fe genuina, y aunque creía que Dios era real, aún no era personal. Pero toda mi perspectiva sobre la fe y la vulnerabilidad se transformó un día frío de diciembre cuando, ingenuamente, planifiqué transformar la vida de otra persona. En cambio, yo fui la que cambió para siempre.

Me había ofrecido como voluntaria para un proyecto de servicio comunitario, repartiendo cajas navideñas en el vecindario. Toqué a una puerta, con una caja en mi mano y puse mi mejor sonrisa.

La puerta se entreabrió y una mujer joven, de mi edad más o menos, empujó la puerta con la cabeza, mirándome con ojos vacíos. Estaba despeinada y vestía unos *shorts* negros de baloncesto y un suéter amarillo mugriento; la mitad que podía ver estaba cubierta de manchas. Su puño apretado y sus nudillos blancos en el picaporte me indicaron que no pensaba dejarnos entrar, ni a mí ni a los otros voluntarios (o no quería que viéramos lo que se ocultaba en la oscuridad que la rodeaba).

Sostuve la caja navideña, esperando que ella extendiera la mano y la recibiera. Para mi sorpresa, hizo un gesto negativo con la cabeza y comenzó a retirarse hacia la oscura sala, cerrando lentamente la puerta. Metí la mano para evitar que la puerta se cerrara del todo, asegurándole que lo que le ofrecíamos era completamente gratuito. Le presenté a mis amigos y le expliqué que estábamos sirviendo a la comunidad, regalando esas cajas con artículos como calcetines, productos de tocador y alimentos no perecederos.

Seguramente ahora entendería. Pero volvió a sacudir la cabeza y vi el temor en sus ojos.

Escuché la voz de un niño detrás de ella, diciendo:

—¡Es gratis! ¡Solamente tienes que tomarlo!

"¡Es gratis! ¡Solamente tienes que tomarlo!". Un paso tan simple pero tan difícil para ella, y quizá para todas nosotras.

—No, no, no —dijo con firmeza mientras cerraba la puerta.

¿Qué diablos…?

Confundida, regresé por el camino que había venido junto con mis compañeros, tratando de comprender el encuentro.

¿Por qué tiene tanto miedo? ¿Por qué está tan decidida a permanecer oculta detrás de esa puerta?

Todavía no estoy segura de la razón por la que rechazó nuestro regalo, pero me arriesgaría a decir que había un elemento de vergüenza o remordimiento. Quizá dijo que no porque, al decir que sí, tendría que quitar sus manos del picaporte, abandonar el lugar donde había estado escondida y salir al porche, donde quedarían expuestas todas las manchas de su suéter amarillo.

Mi confusión se tornó en simpatía, y empecé a pensar: *Te entiendo,* mujer. *Yo tampoco quiero que mi caos quede expuesto.*

Cuando nos sentimos avergonzadas o indignas, nos escondemos y negamos, lo que nos lleva al aislamiento interior. Y eso siempre es peligroso.

Por la noche, la mujer del suéter amarillo vino a mi mente otra vez. Mientras pensaba en el encuentro de esa tarde, de repente me vi reflejada en ella. La forma en que se escondía detrás de la puerta, la forma en que se retrajo en vez de salir. Entonces —no te miento— literalmente sentí que todo mi cuerpo se vio inundado por una tibieza que no puedo describir con palabras. Aunque no fue una voz audible, un mensaje fuerte y claro vino a mi corazón y mi mente. Decía: "La manera en que ella vive y se ve en lo exterior es la manera en que tú estás viviendo en lo interior".

Casi me caigo de espaldas.

Algo en mí supo que era Dios derribando las puertas de mi corazón, mostrándome que había abierto la puerta de mi corazón lo justo como para mirar dentro, pero nunca lo suficiente como para ser libre de la imagen que yo había construido. Él me animaba a aflojar el puño y soltar el picaporte que abría la puerta al lugar oscuro en el que me ocultaba.

En la época en que conocí a la joven del suéter amarillo, ya había reducido drásticamente la dieta y el ejercicio exhaustivos. Pero, en ese día frío de diciembre, de pronto vi que había estado escondida y, por primera vez, supe que si uno esconde algo, no es libre.

Puedes ser 99 % libre y llamar a eso libertad. No puedes aferrarte a ese 1 % del pasado y decir que tus cadenas se rompieron. La libertad debe ser completa para poder llamarse libertad.

Esta realidad cambió todo para mí: el Dios que creó el cosmos es el mismo que vio mi vergüenza, pero me llamó por mi nombre, invitándome a abrir la puerta de par en par para poder entrar. Él no me veía como un conjunto de etiquetas. No me veía según mi asistencia a la iglesia o aquello que podía demostrar ser. Me veía a través de lentes de amor, un amor que atraviesa las barreras que levantamos.

Como si hubiera sido la primera vez, el evangelio que había escuchado toda mi vida se volvió algo personal. Todo cambia cuando lo entiendes. Este es el tema, hermana: tú y yo sabemos que nadie es perfecto. No importa lo bien que tratemos de limpiar esas manchas de nuestra alma con buenas obras y religiosidad, nunca seremos lo suficientemente buenas por nuestro propio esfuerzo. Pero eso era lo que yo había estado tratado de hacer por años hasta ese día en el porche de una extraña, donde Dios me mostró que yo estaba completamente perdida.

La libertad no se halla manteniendo una imagen o cumpliendo de mala gana con los deberes religiosos. Llega cuando bajo la guardia y me rindo al Dios que está por encima de todo (inclusive yo). Viene cuando sacrifico mi orgullo y necesidad de demostrar lo que valgo, sabiendo que Jesús vivió una vida perfecta y no me dejó nada por demostrar. Eso significa que puedo rendirme a él o seguir luchando, tratando de seguir la vida a mi manera. La libertad, la fe y la salvación son dones que se reciben, no trofeos que se ganan. No hay nada que pueda hacer para ganármelos o pagar por ellos. Así también funciona para ti, querida amiga. Es como la caja navideña que le estaba regalando a la joven del suéter amarillo: es gratis, solo hay que recibirla. Solo necesitamos el coraje suficiente para abrirnos y someter a nuestros egos grandes y gordos. Tenemos que dejar de ser el dios de nuestras propias vidas y poner a Dios en el lugar que le corresponde, lo que requeriría arrodillarnos frente a él, ¿verdad?

Me encanta cómo lo expresa el doctor Jordan Peterson: "Debes arrodillarte delante de algo que en realidad admiras. Y si no tienes deseos de arrodillarte frente a eso, entonces es posible que no lo admires de verdad, y quizá eso significa que no has preparado el escenario de la manera correcta".[2] (La palabra *admirar* aquí podría cambiarse por *adorar*).

Esta elección o postura no elimina la responsabilidad personal. De hecho, la exige. No significa que simplemente te van a servir algo en bandeja de plata. Por el contrario, es una cuestión de elección personal, tienes que admitir tus fallos y pedir ayuda. La humildad y la vulnerabilidad son necesarias para la fe y la libertad.

La vulnerabilidad importa

En esa época, conocí a mi amiga Mel. Ella tenía el cabello largo, rubio y ondeado, y un sentido del humor que de inmediato me hacía reír a carcajadas.

En una de nuestras conversaciones, nos reímos tanto que casi nos hacemos pis encima y nos hicieron callar varias veces en una reunión de la hermandad.

La invité a comer afuera esa semana para poder hablar un poco más. Sabía que terminaríamos siendo grandes amigas.

Nos sentamos en una pequeña mesa en un restaurante de la avenida Kirkwood, la calle principal de nuestra amada ciudad universitaria. Contamos historias, reímos mientras comíamos pizza y hablamos acerca de los sueños que albergábamos para después de graduarnos (y nos quedamos hasta que el restaurante cerró).

Así es como te das cuenta de que una conversación es buena, cuando te ríes tanto que no puedes evitar que las lágrimas corran por tus mejillas y te sorprende la hora de cerrar del lugar sin haberte dado cuenta siquiera de cuánto tiempo había pasado.

Esa noche, en la pizzería, fue el comienzo de una de mis amistades más queridas, y abrió el camino hacia largos viajes a pequeñas ciudades del sur y a noches de película espontáneas con más momentos de llorar de la risa y llantos hasta reír.

Un día, mientras estábamos conduciendo de regreso a la ciudad, ella soltó de momento:

—¿Puedo ser sincera contigo respecto de algo?

Tratando de contener las lágrimas, Mel me contó, desde lo profundo de su corazón, algunas decisiones que deseó no haber tomado. Casi en un susurro, admitió que estaba luchando con una dieta extrema y una relación tóxica con la comida y con su peso.

Las palabras salieron de mi boca muy rápido, antes de que las pudiera contener. Fue como si mi corazón saltara del pecho y se posara sobre el tablero del auto antes de poder pensarlo dos veces.

Ahí estaba yo, desnudando mi alma, sintiéndome completamente descubierta y vulnerable, pero, aun así, más viva de lo que me había sentido en mucho tiempo.

La sinceridad preparó el camino para una charla más profunda y ambas encontramos una libertad redentora y un propósito en ella. Mel escuchaba atentamente mientras le contaba cómo Dios había usado el encuentro con la joven del suéter amarillo para encontrarse conmigo y cómo haber experimentado su amor de una forma tan personal fue un gran paso para liberarme de las mentiras que había creído durante años.

Las lágrimas inundaron los ojos de Mel y, de repente, las puertas se convirtieron en portales y los muros que estaban entre nosotras se convirtieron en pasillos que conectaban nuestros corazones.

La vulnerabilidad es la llave para superar la trampa que nos impone la vergüenza. Eso no significa que tenemos que abrirle nuestro corazón a *cualquiera*. Podemos elegir cómo vamos a contar nuestras historias con sabiduría y propósito, pero, amiga, te digo: esto es algo importante.

La vergüenza tratará de mantenernos en lugares oscuros, porque la vulnerabilidad de exponer las partes no tan bonitas de nuestra historia nos asusta. Sin embargo, las partes no tan bonitas a menudo son las más poderosas.

¿Sobre qué necesitas sincerarte? ¿Qué hecho vergonzoso has estado cargando, ya sea un error que cometiste, algo que te sucedió o una mentira que creíste acerca de ti? Cuéntale a uno de tus padres, a una amiga, mentor o consejero lo que te ha mantenido avergonzada y pide ayuda para romper su poder.

Te digo que la vulnerabilidad —la confesión— es sanadora.[3] Las manchas de nuestro corazón —la vergüenza de los errores, fallas o experiencias que hemos permitido que se vuelvan parte de nuestra identidad— se borran cuando nos negamos a seguir reprimiéndonos y las exponemos valientemente a la luz.

A lo largo de los años, he visto a Mel poner a un lado su vergüenza y exponer su historia de vida, invitando con valentía a aquellas que viven bajo la misma confusión a caminar con la misma libertad. Cuando abrimos las puertas de nuestro corazón un poquito más, les damos permiso a otras personas para hacer lo mismo.

Se me ocurrió que *la amistad es un salvavidas para vivir con propósito*. No puedes vivir con un propósito sin esa clase de amor. El amor es el salvavidas.

Hermana, si luchas con la vergüenza, permíteme decirte que no estás sola, y que solo tú decides si ella tendrá el poder de impedirte recibir la libertad y vivir la vida que Dios desea para ti.

¿Quieres dejar una huella en el mundo? ¿Quieres dejar de estar estancada y salir? Por favor, no seas tan necia como lo fui yo. Por favor, no te rehúses a pedir ayuda ni vivas en negación porque, de algún modo, crees que eso te hace más fuerte. Libérate de la presión de "ser alguien" y ábreles la puerta a quienes están delante de ti.

No superamos la vergüenza escondiéndonos tras una reputación o viviendo bajo la presión de alcanzar las expectativas que percibimos que los demás tienen acerca de nosotras. La vencemos renunciando con valentía a nuestro orgullo y abriendo nuestra puerta, con una confesión o conversación a la vez. Y, sí, puede ser muy incómodo. Pero creo, de todo corazón, que Dios no me destrozó en ese frío día de diciembre por gusto. No me dio una historia de vida solo para esconderla por vergüenza. Él me la dio porque necesita ser *contada*, incluso cuando tengo miedo de que otros piensen que es aburrida. De la misma manera pasa contigo.

Hablo desde mi experiencia personal cuando digo que *la vulnerabilidad da resultado y es importante*. Te animo —no, te *suplico*— a abrir tu corazón, a pedir ayuda y a contar en qué fase de tu vida *realmente* estás. Como dijo la Dra. Brené Brown en su libro *Más fuerte que nunca*: "La vulnerabilidad no es debilidad; es nuestra mayor medida de coraje".[4]

¿Quién es esa persona a la que tu corazón te dice que puedes acudir y abrirle tu alma? Da un paso deliberado e invítala a comer. No necesitas pensarlo todo de antemano. No precisas una respuesta para cada pregunta. Pero *sí puedes* sincerarte, hablar y abrazar. Y eso ya es suficiente.

¿Sabes por qué? Porque tu historia no te cambiará a ti; cuando la cuentas, ella tiene el poder de cambiar la vida de otro. Y pienso que eso solo ya vale la pena.

Postdata: léeme

Quiero tomar un segundo más para aconsejarte unos pasos prácticos que me ayudaron, en caso de que estés librando una lucha similar a la mía.

Como ya dije, lo que me ayudó definitivamente a superar mi conducta dañina y obsesiva con la comida y el ejercicio fue abrir de manera personal mi corazón al amor de Dios. Creo de veras que solo Dios tiene el poder de sanar todas las heridas.

Sin embargo, hay algunos otros pasos tangibles que me ayudaron a mantener un continuo crecimiento. Ten en cuenta que las siguientes sugerencias no pretenden reemplazar la ayuda profesional, pero como me fueron de ayuda (y a otras amigas mías también) creo que vale la pena contártelas.

1. Encuentra una comunidad sana

A medida que me di cuenta de cuáles eran los tipos de entornos y relaciones que hacían que mi conducta y decisiones fueran más extremas (como círculos sociales enfocados en la imagen y el estatus), me concentré en construir amistades más intencionales y profundas con gente que realmente quisiera lo mejor para mí.

Afortunadamente, fui bendecida al encontrar una comunidad de personas que de veras me ayudaron a dar lo mejor de mí y me levantaron. Desarrollar esas relaciones llevó un poco más de tiempo que simplemente hacerme amiga de la primera persona que me resultara genial, pero esta inversión de tiempo probó que, después de todo, podía cambiar mi vida.

Mira tu círculo de amistades. ¿Sientes que necesitas cambiar tu apariencia para encajar en el grupo? ¿Es una situación inspiradora o un juego de comparación constante, lleno de drama y competencia?

Se dice que uno empieza a parecerse a la gente con la que pasa el tiempo. ¿Quiénes son las cinco personas con la que pasas más tiempo? ¿Necesitas cambiarlas?

2. Identifica tus detonantes y elimínalos

Para mí, la báscula y las calorías eran los detonantes. Si me subía a una báscula y no me gustaba lo que veía, me obligaba a hacer ejercicio extra y a no comer nada durante el día hasta que el número en la báscula volviera a ser el que yo quería. Si veía un platillo del menú que estaba lleno de grasas saludables, proteínas buenas y otros nutrientes, pero excedía cierto número de calorías, pedía una pequeña ensalada solo para evitar superar ese límite (a pesar de que también estaba limitando el número de nutrientes buenos que ingería, como las proteínas).

En mi recuperación de esta obsesión, hice cambios graduales que me ayudaron a que fuera una transición sostenible. Ahora ya no recuerdo los datos específicos, pero te daré un ejemplo de lo que me ayudó.

Como la báscula y las calorías eran mis detonadores, hice pequeñas adaptaciones en estas dos áreas. Por ejemplo, disminuí el número de veces que revisaba mi peso por semana (de hacerlo todos los días a solo dos veces por semana) y aumenté la ingesta de calorías poco a poco. En otras palabras, no eliminé la aplicación de contar calorías como si no importara. Simplemente le hice un ajuste, aumentando lentamente el límite de mi ingesta diaria a un número más saludable. Hacer esto me ayudó a cambiar de mentalidad y aceptar que un poquito más de comida estaba bien, porque mi contador de calorías me mostraba que así era.

Entonces, luego de algún tiempo, decidí pesarme solo una vez a la semana y aumenté el límite de ingesta otro poco, lo que me ayudó a acercarme más a una meta realmente sostenible. Hacer estas pequeñas adaptaciones en mi comportamiento extremo durante unos meses ayudó a un cambio de mentalidad y, por lo tanto, de hábitos. Esto me hizo recuperar el control de mi vida.

Si has luchado con desórdenes alimenticios, dietas y ejercicios extremos, atracones de comida o cualquier otro hábito no saludable, te animo a que los desafíes, escribas lo que precisas transformar y te comprometas a hacer un cambio a la vez, una semana o mes a la vez. Pídele a alguien que te haga rendirle cuentas y monitoree tu progreso, así no pierdes la motivación. Eso hace una gran diferencia.

3. Establece metas y límites

Siento como si, adondequiera que mire, viera oradores motivacionales y reportes de bienestar en las redes sociales diciéndonos que persigamos nuestras metas de salud y estado físico.

Cada vez que los veo, una parte de mí aplaude y dice: "¡Eso es, hermana! ¡Sigue hablando!", pero la otra parte piensa que algo vital puede estar faltando en el discurso.

Esa parte vital son los *límites* en la salud y el ejercicio. Si queremos vivir con propósito, necesitamos tener la suficiente disciplina como para no vivir de manera *obsesiva*. Sin embargo, sé, desde mi experiencia personal, que cuando el único tema del que hablamos son las metas que queremos alcanzar en esta área, es fácil obsesionarse con ese objetivo y dejar de ver la imagen completa.

Cuando, justo antes del medio maratón, mi conducta se volvió realmente extrema, me convencí a mí misma de que estaba trabajando para un gran objetivo. Como no puse ninguna clase de límites en ese objetivo, esencialmente se adueñó de mi vida.

Muchacha, comprométete con tus metas pero, por favor, no te obsesiones con ellas de tal modo que olvides que tu valor personal no depende de que consigas alcanzar ese número en la báscula, ni de que vayas al gimnasio cinco días a la semana.

No estoy sugiriendo que abandones todas tus metas, especialmente si son saludables o recomendadas por un doctor.

De hecho, soy la primera en felicitarte si tomas la iniciativa de alcanzarlas. Sin embargo, te sugiero que pongas algunos límites para mantener tu mente en el lugar apropiado.

Cuando comencé a ponerme metas razonables y establecí límites para cada una de ellas (como, por ejemplo, el ritmo que seguiría para alcanzarlas) me sentí mucho más equilibrada. Eso significó también que era menos propensa al comportamiento obsesivo.

Que sea así de simple. Si tu meta es entrenar cinco días a la semana, pon un límite que vaya paralelo a tu objetivo. Ese límite puede ser que no entrenarás más de treinta minutos al día o que no contarás las calorías que consumas para que no te obsesiones con los números. Si estás en un camino hacia ganar o perder diez libras, pon un límite buscando a alguien que te monitoree, para que comer bien no se convierta en comer mucho o no comer lo suficiente.

Hablar de manera constante sobre dónde te encuentras y a dónde te diriges te mantendrá en la senda hacia tus metas, al mismo tiempo que te permitirá seguir librándote de la vergüenza.

4. No dejes que la vergüenza te impida pedir ayuda

No busqué ayuda, pero, realmente, debía haberlo hecho. Técnicamente, mamá la buscó por mí, aunque yo no creía necesitarla. Sin embargo, algunas amigas que lucharon con este mismo problema fueron más inteligentes que yo y buscaron ayuda profesional, y fue un punto de inflexión para ellas.

Hermana, tu cuerpo es un templo, no un trofeo. Y solamente tú decides a través de qué lentes te verás. Para ser verdaderamente libre de una mentalidad enfermiza y de conductas nocivas, tienes que ver el bienestar, el ejercicio y la salud como parte de tu cuidado personal, como parte de tu valor, y no hay ninguna vergüenza en pedir ayuda para llegar ahí.

Elige con sabiduría. Abre tu corazón y pide ayuda. No fuiste creada para hacerlo todo tu sola.

CAPÍTULO 7

Supera la comparación con compasión y *comunicación*

¿Has tenido ese sentimiento que viene cuando ves a todas tus amigas publicando sus nuevas oportunidades o logros en las redes sociales y entonces miras lo que tú estás haciendo (o no haciendo) con tu vida y deseas que fuera tan genial como la de ellas? ¿O cuando te descubres deseando tener más amigas en tu nueva ciudad? Cuando eso sucede, esa pequeña voz en tu mente grita: *¡Tengo que hacer algo con mi vida!*

Eso, amiga mía, se llama "presión inducida por la comparación". Es verdad, yo inventé ese nombre, y no soy psicóloga, así que probablemente ese no sea el término técnico. Pero así es como yo lo llamo.

Si estás luchando con eso, ¡bienvenida al club! Me sentí así muchas veces durante los primeros años de facultad, porque todas mis amigas tenían trabajos serios y yo desempeñaba cinco roles diferentes a la vez. Desde bloguera a medio tiempo, contratista de lugares para bodas, dueña de una empresa de fotografía (esa fase duró menos de un año) a esposa recién casada. Todas cosas buenas y divertidas. Pero trata de combinarlas todas a la vez mientras todos los demás parecen tener la vida resuelta. *¡Hola, inseguridad fenomenal!*

La comparación es un fiasco. En serio. Especialmente en esos años de posgrado o en cualquier etapa de transición.

Estoy segura de que todas sabemos ya cómo se siente la comparación, y tú y yo probablemente podemos identificarla en nuestra vida. Sin embargo, creo que a veces paramos ahí. Estamos de acuerdo en que no es saludable, pero sin realmente analizar los efectos que produce en nosotras o tomar medidas para superarla.

Desafortunadamente, puede ser extremadamente fácil gastar un montón de energía valiosa en la comparación, distraernos con ella y quedar atrapadas.

Recuerdo que una vez, hace unos años, tuve una experiencia que me brindó una imagen clara de lo que estaba haciendo cada vez que le daba lugar a la comparación. Ven conmigo al gimnasio en el que solía entrenar y te daré un panorama de lo que allí sucedió.

Era una tardecita como otras. Llené mi botella de agua y me até los cordones de los tenis antes de dirigirme al gimnasio. Cuando ingresaba al salón, vi algo que me descorazonó: solo había una caminadora disponible.

Una. Y yo no quería usar justo esa. Iba de un lado para otro, disimulando que en realidad estaba haciendo tiempo con algunos ejercicios de estiramiento y entrada en calor, esperando en secreto que alguien usara esa última caminadora. Llámame loca, pero realmente no me gusta caminar en una máquina con alguien a mi derecha y a mi izquierda. Me preocupa que me oigan jadear o que mi sudor salpique al de al lado en la cara, y me siento claustrofóbica. Es raro. (¿Seré la única a la que le pasa esto?).

Pero esta vez no parecía haber ninguna salida.

Pasaron cinco largos minutos. Nadie en todo el gimnasio parecía listo para abandonar su caminadora, ni tampoco nadie parecía querer la que estaba disponible. Fui hasta ahí, lentamente, todo el tiempo con la esperanza de que alguien más se me adelantara. Por supuesto, nadie lo hizo. Refunfuñando, me subí a ella y me uní a la larga fila de corredores sincronizados.

Un caballero mayor estaba haciendo caminata rápida a mi izquierda. *Tengo que ser más rápida que él.*

A mi derecha, estaba una joven vestida con un equipo atlético todo combinado. Tenía el cabello recogido en una coleta bien prolija, y sus curvas voluminosas se bamboleaban en cada zancada. Sus piernas largas y fuertes rebotaban sin el menor esfuerzo.

Y ahí estaba yo, con mi sudadera de cinco dólares de Walmart, mis viejos shorts de gimnasia con manchas de pintura y las calcetas de Navidad, decoradas con pingüinos que se asomaban por encima de los tenis. (Eran mi único par limpio, no me juzgues). Miré de reojo su velocidad: ¡6.9 millas por hora! *Yo también puedo hacerlo. Tengo que ir al ritmo de ella.* Programé mi velocímetro en 7.0 millas por hora y despegué, prácticamente corriendo a toda velocidad en el lugar.

Y ahí comenzó (me refiero a la competencia). No una competencia de verdad, claro. Todo estaba en mi mente. Ella no tenía ni idea de que estábamos combatiendo por el primer puesto y nadie, excepto yo, llevaba la cuenta. Nadie iba a ganar un trofeo. Pero yo *tenía* que ir a la velocidad de ella y, por supuesto, superar al caballero de la izquierda.

Nosotras hacemos esas locuras, ¿no es cierto? ¿Medir cuán buenas somos comparadas con la gente que nos rodea, si estamos delante o detrás, o somos mejores o peores? Aunque parezca un desafío o, incluso, que nos impulsa a avanzar, esta tendencia limita lo que podríamos alcanzar si dejáramos de compararnos con los demás y comenzáramos a correr nuestra propia carrera.

La comparación no te lleva a ninguna parte

Mientras estaba jadeando en la caminadora, compitiendo en una carrera que en realidad no existía, de repente tuve una revelación: ceder a la comparación es como correr en una caminadora. Es agotador, pero en realidad no te lleva a ninguna parte.

Esa competencia me enseñó que cuando vivo comparándome, me meto en un ciclo extenuante de carreras para estar al mismo nivel de los demás o superarlos, pero sin realmente dirigirme a ninguna parte que valga la pena. O sea, en ese momento, estaba corriendo sin moverme del lugar, tanto de manera literal como figurativa.

Creo que todas estamos de acuerdo en que la comparación solo nos cansa y nos distrae. Eso es innegable. Sin embargo, quiero ser un poco más específica. Al reflexionar sobre todas las maneras en que luché con la comparación, he analizado las veces en mi vida en que esta sacó lo mejor de mí, y la carrera de la corredora fue solo una de muchas instancias. Cuanto más analicé esas experiencias, más pude reconocer las tres maneras en que la comparación fue recurrente:

1. Comparo mi aspecto, éxito o estatus con los de los demás.
2. Me comparo con mis propias expectativas.
3. Comparo mis problemas con los de los demás.

Veamos cada una de estas clases de comparación para poder aprender a identificarlas y eliminarlas.

1. Comparar nuestro aspecto, éxito o estatus con los de los demás

Este es el tipo de comparación más frecuente. Todas sabemos cómo es ver lo bien que les está yendo a otros y pensar algo como: *¿Por qué yo no puedo tener lo que ella tiene?* o *Si tan solo tuviera su empleo/amigos/cuerpo/talento/vida, sería tan feliz.*

Ese día, en la caminadora, me faltó algo que creo que a todas nos falta. No llené los espacios en blanco; no consideré el resto de la historia. Esto es lo que quiero decir: no sabía cuánto tiempo mis compañeros de caminadora habían estado entrenando. De inmediato, supuse que uno estaba detrás de mí y la otra estaba delante de mí en cuanto al desempeño, basada en lo que veía, sin primero considerar el contexto, el cual probablemente habría minimizado la distancia entre nosotros en la comparación. Tenía que haberme hecho estas preguntas:

- *¿Por qué están corriendo/haciendo caminata rápida, en primer lugar?*
- *¿Están entrenando?*
- *¿Hacia qué meta se dirigen?*

Imaginando escenarios probables, podría haber impedido la comparación. El señor mayor seguramente estaba tratando de mantener saludable su corazón y, tal vez, la mujer joven estaba entrenando para una carrera inminente. Podía tratarse de una corredora profesional o tal vez su entrenador le exigía un entrenamiento riguroso. Quizá ambos estaban dando pasos hacia un mayor bienestar, o puede ser que lo hubieran estado haciendo desde mucho antes que yo. El señor podía haber estado caminando ya por cincuenta minutos y la mujer podía haber estado corriendo por solo quince, y yo acababa de empezar. De ser así, todos habíamos comenzado en diferentes momentos y estábamos en diferentes lugares en nuestra ejercitación.

Yo no sabía su procedencia, cuáles eran sus historias o dónde estaban en su travesía. Solo vi su desempeño actual y lo comparé con el mío.

Cuando esta clase de comparación se mete sutilmente, necesito recordarme algo de veras importante: *Tengo que dejar de observar dónde se encuentran los demás si tengo alguna esperanza de servir a mi propósito en el lugar donde yo me encuentro.*

Hermana, detesto desanimarte, pero lo mismo aplica a ti. No puedes vivir una vida con propósito si estás tan preocupada tratando de que se parezca a la de otra persona. Tenemos que meternos eso en la cabezota.

2. Compararnos con nuestras propias expectativas

Ya sea intencional o involuntariamente, la mayoría de nosotras tenemos expectativas de cómo pensamos que se verá nuestra vida. Es posible que pensemos algo así:

- *Cuando tenga treinta y cinco años, estaré casada y tendré dos hijos.*
- *Ascenderé rápidamente en mi compañía.*
- *Trabajaré mucho para mantener mi casa impecable.*
- *Si destaco, ingresaré a un posgrado y cumpliré mi sueño.*

El peligro de comparar constantemente nuestra realidad con los ideales o expectativas que nos hemos formado viene cuando nuestras experiencias reales no están a la altura de nuestras expectativas. Eso nos puede desanimar y hacernos sentir desesperanzadas, desilusionarnos y desencantarnos.

Aunque estoy muy a favor de establecer metas y objetivos, también creo que es importante recordar que cuando nos obsesionamos con cómo *debería* ser la vida o cómo las cosas *podrían* desarrollarse, perdemos la dirección del aquí y el ahora. Cuando la historia que pensamos que sería la mejor para nosotras no se parece en nada a nuestra vida actual, comenzamos a compararlas, lo cual, inevitablemente, nos lleva a una vida motivada por el descontento y no por la intencionalidad.

Las comparaciones que hacemos y las expectativas que tenemos, sencillamente, nos pueden estorbar y agobiar. Y, finalmente, quedamos exhaustas.

Mira tu propia vida. ¿Alguna vez ha habido una gran brecha entre tus expectativas y tu realidad actual? ¿Eso te motivó a vivir de manera más intencional? ¿O eso te derrotó y te desanimó?

3. Comparar nuestros problemas

Por último, comparamos nuestros problemas. Espera. ¿Comparamos nuestros problemas? Piensa en lo absurdo que eso suena. Pero lo hacemos. Comparamos nuestras luchas y nuestros contratiempos de la misma manera en que comparamos nuestros éxitos y logros.

¿Cuán a menudo has visto por lo que alguien está atravesando e inmediatamente te sentiste culpable por estar luchando con algo que parece ser menos serio? O tal vez hayas pasado por una tragedia y entonces oyes que alguien cuenta con lo que está luchando y piensas: *¿Cómo se atreve? No ha pasado ni la mitad de lo que yo pasé.*

Una experiencia que consideras insignificante puede ser el mayor quebranto que otra persona ha atravesado en toda su vida. En la superficie, su lucha puede no parecer tan difícil, pero para ella puede ser devastadora. Otra persona puede estar tan acostumbrada a traumas severos o tragedias que tú asumes que no entenderá tu pequeña batalla porque a ella le ha tocado una suerte mucho peor.

¿Por qué lo hacemos? Es decir, ¿por qué pesamos nuestras luchas en una báscula? ¿Por qué intentamos comparar nuestro gozo *y* nuestras miserias? ¿Existe algún otro propósito que no sea el de alimentar la amargura? ¿A dónde nos lleva eso? Gastamos un montón de energía dando por hecho o categorizando, en vez de empatizar y conectarnos. Y eso tiene que parar.

Cuando comparamos nuestras historias y clasificamos nuestras aflicciones usando algún sistema imaginario de grados que nunca debió existir, nos dañamos a nosotras mismas. Podemos atravesar distintas clases de dolor; podemos vivir distintas luchas o cargar con diferentes penas.

Pero desacreditar la experiencia de otros en comparación con la nuestra —o viceversa— es infructuoso, causa división y es improductivo. El verdadero desafío es aprender a tener compasión, tanto por nosotras mismas como por la gente que nos rodea, aun cuando parezca que les va mejor que a nosotras.

Estrategias que me ayudan a dejar de compararme

No sé tú, pero a mí me cuesta creer que las mujeres podemos, así, sin más, dejar de compararnos con otras, como si fuéramos seres sobrehumanos. ¿Hay algún interruptor para controlar esta situación y del cual no te habías enterado?

Aunque creo que es posible reducir drásticamente el grado de comparación, también pienso que puede ser útil tener algunos pasos a seguir.

Tal vez no lo notaste, pero soy la clase de chica práctica. Podría decirte todo el día que dejes de compararte, claro. Pero es mejor si te doy algunas ideas prácticas para superarlo. A menudo me pregunto: *¿Qué pasos puedo dar hoy para reemplazar la energía que estoy usando en la comparación y reinvertirla en compasión, conexión y comunión?*

Estas son algunas de las formas que he visto obrar de manera eficaz en mi propia vida:

1. Recuerda tu "porqué".

2. Reemplaza los pensamientos de envidia por pensamientos de alegría.
3. Practica la gratitud y la generosidad.
4. Déjala ganar.
5. Comunícate.

Acércate y veamos una por una.

1. Recuerda tu "porqué"

Quizá una de las maneras más simples de combatir la comparación sea reemplazando activamente la energía que gastamos en la comparación con energía dirigida a cumplir la tarea que originalmente nos propusimos alcanzar.

Por ejemplo, si me estoy comparando con una compañera corredora en la caminadora, puedo cortarlo de raíz enseguida, simplemente preguntándome: *¿Por qué estoy en la caminadora, en primer lugar? ¿Cuál es mi porqué? ¿Yo vine aquí para correr en una competencia o para mejorar mi salud?"*.

Cuando tomo un momento para reformular mis pensamientos y recordar mi *porqué*, eso me ayuda a concentrarme en lo que vine a hacer.

Esa es una práctica increíblemente sencilla que puede cambiarlo todo. Si comienzas a notar que comparas tu negocio con el de una amiga, recuerda tu *porqué* preguntándote esto: *¿Por qué comencé mi empresa? ¿La empecé para alimentar a mi familia y lograr un cambio o lo hice para ganarle a mi amiga?*

O si te comparas con otras en las redes sociales, considera tu *porqué* para usar ese espacio. *¿Por qué uso esto? ¿Cuál es el propósito? ¿Lo estoy usando como una herramienta para animar, influenciar o dirigirme a una audiencia en particular? ¿O será que estoy tratando de usarlo para relacionarme con extraños en internet?*

Si no estás segura de cuál es el propósito por el cual haces algo, lo harás sin sentido y sin intención. La contracara es que si cuentas con un gran *porqué* que rija cada pequeña acción que haces y lo usas de manera activa para combatir la comparación (y otras distracciones), descubrirás que no solo estás más satisfecha con lo que haces, sino que estás más enfocada en lo que más importa. Ten en cuenta el propósito detrás de todo lo que haces y úsalo para que te ayude a concentrarte en que cada día sea el *tuyo*, no el de los demás.

2. Reemplaza los pensamientos de envidia por pensamientos de alegría

Constantemente me comparaba con cierta niña en el patio de juegos en quinto grado. Llamémosla Liz. Ella era mi archienemiga, porque al chico que me gustaba a mí le gustaba ella. Liz tenía el pelo largo y la piel de porcelana. Yo la miraba desde la parte superior de las barras de escalar, mi torre de vigía personal, solo para ver a mi enamorado contemplarla embelesado cuando saltaba la cuerda, sus cabellos perfectos flotando con cada salto que daba. Si el *emoji* con los ojos de corazón hubiera existido en ese tiempo, esa habría sido su cara. *¡Puaj!*

Un día él le prestó su suéter. Ahí estaba ella, jugueteando con el suéter impregnado con desodorante Axe durante el recreo. Y ahí estaba yo, con una mancha de kétchup en el frente de mi camiseta, mirándola de lejos, supurando celos.

En ese tiempo, no sabía ni la mitad de lo que Liz estaba atravesando. No sabía nada de lo buena que era y lo mucho que me agradaría si la llegara a conocer. Solo sabía que me había ganado en la carrera por el chico y, por lo tanto, no la quería.

Este es un recuerdo tonto de la niñez, pero ilustra bien cómo nos sentimos muchas de nosotras, incluso en nuestra vida de adultas, cuando observamos a los demás desde una pantalla o desde el siguiente cubículo, nuestras torres de vigilancia cuando somos adultos.

Es difícil alegrarse cuando permito que la felicidad de otro me haga sentir miserable. No obstante, mi desdicha no es el problema, es solo un *síntoma* del problema. El problema real es mi mentalidad. Debo recordar que *tengo* cierto poder para decidir qué pensamientos me permito alojar y cuáles remuevo y reemplazo.[5] Y tú también.

Los pensamientos de celos generan comparación, lo que conduce a la división, desacuerdo y aislamiento. Por otra parte, cuando tomamos distancia y nos damos tiempo para reflexionar, esos pensamientos de celos no solo se desvanecen, sino que pueden ser sustituidos por pensamientos alegres. A medida que me he hecho mayor, he tenido que desarrollar la práctica de reemplazar los celos por verdades que me traen gozo. Si me descubro teniendo pensamientos tóxicos acerca de alguien a quien estoy mirando desde lejos, me comprometo a equiparar ese pensamiento de celos con *dos* pensamientos sanos.

Por ejemplo, si pienso: *Me disgusta que ella sea mucho más _____ que yo*, entonces debo equiparar ese pensamiento con dos afirmaciones o declaraciones como estas:

- Me voy a amar como soy ahora mismo, porque donde estoy hoy es exactamente donde se supone que debo estar.
- Cuando cambio mis pensamientos, la postura de mi corazón cambia.
- Su éxito no es mi fracaso.
- Soy plenamente conocida y completamente amada aun en lo peor de mí, no solo en lo mejor de mí.
- Lo que me está sucediendo hoy es lo mejor para mí ahora y para quien seré mañana.

¿Quién es tu Liz, esa a quien miras desde lejos con un desprecio injustificado? ¿Ya sabes quién es? ¿Esos pensamientos de celos se están escabullendo? Si es así, escribe dos pensamientos alegres para reemplazarlos (y superarlos). Pueden ser acerca de ella o pueden ser pensamientos que afirmen lo que tú sabes que es verdad y que te permitan ver la vida a través de lentes de amor y gratitud.

3. Practica la gratitud y la generosidad

Cuando me comparo con otros o comparo mis expectativas con mi realidad y siento que de algún modo me quedo corta, a menudo comienzo a quejarme. Quejarme y refunfuñar es usualmente el resultado de la comparación.

Tú y yo no podremos llegar a ser para lo que fuimos creadas, cumplir nuestro propósito o ser luz en esta generación si tropezamos con la queja y el descontento.[6]

Una manera simple y tangible de compararnos menos es tomar nota cada vez que empezamos a quejarnos y reemplazar esa energía negativa con gratitud. Cuando vivo agradecida, tiendo a ser más generosa que celosa. Cuando más doy, con un corazón compasivo, menos me aferro a las expectativas o deseos terrenales que me llevan a compararme.

Sé que mi tendencia natural es aferrarme a mis expectativas, dinero y otros recursos. Pero también sé lo mucho que esa dependencia me hace enfocarme en lo que me falta, en vez de en cómo puedo amar mejor. Dicho esto, agrego que cuando me enfoco en la gratitud, siento más libertad y disposición para dar. Dar no es solo una bendición para los demás, sino para mí misma, porque mientras menos me aferre a mis pertenencias, menos me controlarán.

Algo que puedes hacer hoy es anotar todo aquello por lo que estás agradecida en notas adhesivas y pegarlas por toda la casa, en lugares visibles. También puedes escribir esa lista como una nota en tu teléfono y ponerla como fondo de pantalla. Cada vez que te des cuenta de que te estás quejando por algo, revisa y relee tu lista de gratitud.

Luego piensa en cómo podrías dar un poquito de lo que estás agradecida a alguien más. Levántate y hazlo de inmediato. No lo dudes, o nunca lo harás. Cuantos más motivos tengas para estar agradecido y dar de lo que tienes, menos te quejarás de lo que te falta.

4. Déjala ganar

Regresemos a mi competencia en la caminadora, donde me descubrí compitiendo en secreto con la chica que corrían a mi lado. Por varios minutos pude mantener el ritmo. Incluso, pude correr un poco más rápido por algunos segundos. Me descubrí espiando de reojo su velocidad para asegurarme de que ella todavía iba más despacio que yo y que estaba ganándole. (Me siento tan tonta al admitir esto). Es ridículo, lo sé, pero eso precisamente es la comparación: algo ridículo.

Luego, mi pequeña competencia imaginaria se echó a perder. Miré de reojo solo para ver que ella había aumentado la velocidad y estaba cómodamente corriendo mucho más rápido que yo. Ella iba a ganar.

¡Qué diablos!

Por medio segundo me sentí frustrada, pero luego sentí alivio y hasta libertad. Era como si me hubiera distraído por una falsa competencia, enfocada en que la estaba superando y en cómo podía mantenerme delante de mi "contrincante". Cuando ella me ganó, fue como si la competencia hubiera terminado y, extrañamente, me sentía bien con eso. No necesitaba seguir intentando correr más rápido sin más razón que ganarle. Esa es una forma agotadora de vivir.

Eso para nada significa que mi propia ejercitación sufriera cuando ella me superó. En vez de quitarle algo a lo que yo estaba haciendo, su victoria me ayudó a reenfocarme en el motivo por el que había ido al gimnasio, en primer lugar.

Quizá tú no compites de este modo, pero puedes competir de otras maneras. Piensa en aquellas personas con las que es más probable que imagines competencias en tu mente: en tu trabajo, en tu comunidad o en cualquier otra parte. Ahora pregúntate: *¿Me ha distraído la ilusión de estar un paso adelante?*

¿Cómo puedes romper con esto? Deja que ella gane la competencia que tú has creado en tu mente. Es liberador salirte de una competencia que en realidad no existe.

Es así de simple. Quizá la mejor manera de ponerlo en acción es practicar el alentar a otros. Las formas prácticas de hacerlo incluyen animar al que envidias o incluso promover o apoyar el trabajo de alguien con quien de otro modo competirías. Como autora, trato de promocionar los libros de otros autores, especialmente aquellos que pertenecen a la misma categoría que los míos. Al impulsarlos, me deshago de la tentación de compararme con ellos. Ayudarlos a ganar, en vez de tratar de vencerlos, me permite conectarme con ellos. En vez de correr contra otros, me libero y me divierto corriendo *con* ellos.

Mientras que un poco de competencia puede ser saludable, es importante evaluar en qué estamos realmente enfocadas y cómo esta podría en realidad hacernos tropezar más que estimularnos.

Piensa en alguien con quien te compares. Muévete y anima a esa persona. ¿Quién dice el mundo que es tu competencia en tu industria o trabajo? Considera lo que puedes hacer para acompañar a ese individuo, más que competir contra él o ella.

5. Comunícate

Hace unos meses, mi esposo y yo decidimos ser un poquito ambiciosos y comenzar una nueva rutina que requería levantarnos a las cinco de la mañana para hacer ejercicio. Nos inscribimos en un gimnasio y nos pusimos a trabajar. Para ser sincera, me felicité por poner mi trasero a funcionar en una caminadora antes de que el sol saliera. A los pocos días, noté que había otra chica que también entrenaba duro, pero ella no estaba simplemente corriendo en la caminadora. Estaba haciendo ejercicios de alta intensidad, con casi ningún descanso, día tras día. Cuando mi esposo me lo hizo notar, ambos estábamos asombrados por su grado de esfuerzo, ¡especialmente porque lo hacía sin un entrenador!

De acuerdo, lo sé, tengo un problema con eso de compararme con otras mujeres del gimnasio. Sin embargo, lo estoy admitiendo porque estaría dispuesta a apostar al menos un par de dólares a que has hecho lo mismo en un ambiente donde pasas mucho tiempo, ya sea el gimnasio, la oficina, internet o donde sea.

En fin, en ese momento me resistía a usar pesas en el gimnasio, porque no sabía mucho sobre cómo hacerlo correctamente, me sentía torpe cada vez que lo intentaba. Por supuesto, esta chica parecía impecable, así que continué evitando las pesas y me quedé en mi zona de confort, la caminadora.

A las pocas semanas de nuestra rutina de ejercicio temprano en la mañana, tuve que pasar por la zona en donde ella estaba para buscar una colchoneta e hicimos contacto visual. Ella me sonrió, como diciéndome "Hola".

¡Oh, cielos, ahora tengo que decir algo!

Reaccionando con lentitud (la única forma en que puedo reaccionar a las 5:30 a.m.), dije:

—Ey, ¿qué clase de ejercicios estás haciendo? ¿Es ejercitación de alta intensidad?

Para mi asombro, me respondió:

—¡Sí, es eso! ¡Deberías hacerlo conmigo algún día!

Casi me muero. Yo *no* quería pasar por uno de sus entrenamientos tipo militar, pero no estaba dispuesta a decir que no y quedar como una floja.

Por supuesto, le respondí:

—Claro, ¿qué tal el miércoles?

—El miércoles me parece perfecto. Te veo aquí a las 5:30 a. m.

Así que, en ese punto, ya tenía una cita de entrenamiento con una mujer cuyo nombre ni siquiera conocía.

No iba a dejarlo pasar, por supuesto. No iba a volver al gimnasio cada día y preguntarme si ella pensaba que yo era una gallina por haberme echado para atrás.

De ninguna manera.

El miércoles por la mañana llegué al gimnasio, hice una oración corta y entré para ver sus ejercicios de estiramiento y entrar en calor.

Resulta que no morí. Sobreviví al entrenamiento. No fue tan malo como creí que sería. De hecho, fue muy bueno que me empujaran fuera de mi zona de confort en lo físico.

Y adivina qué. En realidad, ella me cayó bien. Antes de conectar de manera personal, inventé toda una historia ridícula en mi mente, basada en su forma y su grado de motivación en el gimnasio. Supuse que si era tan ambiciosa en el ejercicio cada día, debía de tener un empleo muy bien remunerado o un jet privado, y asistiría a reuniones con el presidente o algo por el estilo. Resultó ser que nada de eso era verdad. Ella era una mujer normal como yo. Solo se va a dormir temprano y amanece con mucha energía por las mañanas. ¿Quién lo hubiera imaginado?

Cuando hablamos de nuestros intereses en común, nuestros sueños y otros temas, me preguntó a qué me dedicaba.

Le mencioné al azar que estaría dando una conferencia en un evento local al día siguiente, ¡y ella me preguntó si podía asistir para apoyarme!

Esta mujer había pasado una hora conmigo (cuando yo estaba sudando y medio dormida) y me estaba pidiendo ir a alentarme. Ella no solo se ofreció, sino que se presentó en el evento al día siguiente.

Me impresionó muchísimo.

¿Sabes lo que esto me enseñó? Que las personas a las que juzgamos, envidiamos o con quienes nos comparamos son a veces las personas que más podrían agradarnos si tan solo nos sentáramos con ellas a charlar y las conociéramos un poco.

El asunto es este: yo puedo compararme con otras desde lejos o puedo acercarme un poquito y comunicarme. En vez de suponer que les está yendo diez veces mejor en la vida que a mí, puedo hacer una pregunta y tratar de conocerlas un poco más.

Lo mismo aplica para ti, hermana. Haz más preguntas que suposiciones y comunícate más de lo que te comparas. Es una forma simple de proponerte superar los prejuicios tontos y la presión por tener que demostrar que vales. Inténtalo la próxima vez. Podría cambiar tu vida.

CAPÍTULO 8

Supera el perfeccionismo estableciendo *prioridades*

Todos los veranos disfruto muchas tardes tranquilas con mis amigas. Me encantan las risas divertidas y los recuerdos compartidos alrededor de las fogatas y las mesas de la cocina. Disfrutamos estas tardes comunes en Indiana tal y como son: reales y simples. Vamos allí con el estómago vacío y ropa cómoda. No hay un menú exquisito ni una reservación para la cena; simplemente, saqueamos despensas y refrigeradores en busca de algo que comer. No es necesaria la perfección.

Quizá lo que hace que estas noches sean tan especiales es que todas nos encontramos en una etapa diferente de la vida —algunas están solteras, otras recién casadas y otras ya son madres— y, por lo tanto, aportamos perspectivas originales en todas las conversaciones. La conexión se produce en un nivel profundo y nos desafía a indagar nuestras almas en profundidad. También me encantan esas tardes porque, aunque no estemos haciendo nada espectacular, suceden las cosas más espectaculares.

Una de nuestras conversaciones más recientes comenzó como cualquier otra, pero la recuerdo especialmente porque me desafió en el mejor de los sentidos. Mientras tomábamos asiento en la cocina de Hannah, el sol de verano se posaba sobre los maizales y a través de las ventanas iluminaba la cocina con una luz dorada. Hannah estaba parada enfrente de mí, preparaba guacamole y me contaba acerca de su receta especial mientras agregaba un poquito de ajo. Hank, su viejo perro pug, estaba tranquilo y roncaba en un rincón. Nuestra amiga, Lindsey, quien vestía unos cómodos pantalones deportivos de color azul y una camiseta ajustada que se estiraba sobre su panza de embarazada, cortaba las manzanas.

Mientras charlábamos y comíamos palomitas de maíz, papas fritas, guacamole y rodajas de manzana, Lindsey hizo una pregunta.

—¿En qué área es más probable que seas perfeccionista?

Hannah y yo la miramos; ninguna quería responder primero. Se hizo un silencio incómodo en la habitación y solo se escuchaban los ronquidos de Hank.

Mmm, en todo. Pensé.

Finalmente hablé mientras buscaba las palomitas de maíz.

—Suelo presionarme para hacer todo bien y ser un ejemplo perfecto. Nadie me obligó a hacerlo; yo misma me presiono. Mis expectativas irreales acerca de mi persona han afectado mi matrimonio, mi trabajo e incluso mi confianza. A menudo, siento que debo ser la mejor en algo o, de lo contrario, ni siquiera voy a intentarlo. Y a veces siento la presión por hacerlo todo, como si tuviera que ser todo para todos, pero si no lo logro, solo soy decepcionante.

Lindsey asintió porque me entendía, se acercó y me apretó el hombro.

Hannah se sumó y contó que su estándar de perfección era con su cuerpo, y había llegado a sentir odio por sí misma y caído en conductas dañinas.

—No me gustan algunos aspectos de mi cuerpo y, a veces, me preocupo demasiado por lo que piensan los demás. ¿Y tú, Linds? —preguntó mientras mordía la rodaja de una manzana.

—Me siento muy identificada con la lucha por la imagen del cuerpo, ya que fui modelo cuando era niña y porrista en la NFL —dijo ella—. Por medio de la gracia de Dios, pude encontrar muchísima libertad, pero en esta etapa de mi vida, he sido perfeccionista en mi casa. Me molesta mucho que mi casa no esté limpia. Sé que tengo un niño pequeño y un bebé en camino, pero creo que siento que los demás pensarán que no soy responsable si mi casa no está impecable o bien decorada. También soy perfeccionista en cuanto a la crianza de mis hijos, pero ese es otro tema.

Cuando terminó de hablar, se rio un poquito.

En este tipo de momentos, toda la tensión desaparece. Es como si en tu interior supieras que no eres la única que se siente así, pero cuando alguien se anima a decirlo, de repente te sientes menos sola.

Hablamos durante varias horas, revelando cómo somos en realidad —cuán orgullosas y creídas podemos llegar a ser—. La conversación se hizo aún más profunda cuando contamos que, a veces, convertimos nuestro matrimonio, nuestra familia, nuestra fe y nuestras relaciones en listas de quehaceres pendientes y acciones para alcanzar un resultado perfecto, en lugar de perseguir un propósito.

Quiero invitarte a la mesa de la cocina y a esta conversación mientras el sol se posa sobre los maizales y entra a través de las ventanas. Sírvete palomitas de maíz. O prueba el guacamole. Este es un lugar de gracia. Hay un lugar en la mesa preparado para ti. Entra y cuéntanos. ¿En qué áreas de *tu* vida eres perfeccionista? ¿En tu carrera profesional? ¿Tus calificaciones? ¿Tu apariencia? ¿Tus planes? ¿Tu matrimonio o tu familia? ¿Tu casa?

La solución no es dejar de preocuparnos por todo eso y, definitivamente, no ayuda que nos digan: "Bueno, solo deja de ser perfeccionista". Lo que me ayuda a mí es ir a la *raíz* del problema. Cuando pienses en las maneras en que tiendes a ser perfeccionista, es importante que pienses también en el motivo. Por ejemplo, si eres perfeccionista en una relación, ¿se debe a que estás luchando con la inseguridad?

¿Sientes que la relación puede destruirse? ¿O te preocupas por lo que los demás puedan pensar acerca de tu relación? Si eres perfeccionista en cuanto a las calificaciones en tus estudios o tu desempeño en el trabajo, ¿se debe a que temes fracasar? ¿Sientes que tu identidad está en lo que puedas lograr? Si intentas complacer a las personas, ¿se debe a que odias desilusionarlas? ¿O a que deseas los elogios de los demás?

No importa, esto es lo que yo he aprendido en mi vida: la raíz de mi perfeccionismo es la inseguridad. Apuesto a que esto también es cierto en tu caso. Si profundizas más en este tema, ¿de dónde crees que emanan esa inseguridad, ese temor y esa preocupación? ¿A qué le temes? Déjame adivinar. A que no te amen. A que no te acepten. A que no te quieran, vean, valoren. *A no tener un propósito admirable.*

¿Qué es lo que nos hace desear desesperadamente la aprobación, la valoración y los aplausos? El orgullo. El orgullo deforma la manera en que vemos a Dios y nos engaña para que nos veamos como nuestro propio dios. Acabamos por servirnos a nosotras mismas —incluso cuando parece que estamos sirviendo a los demás— debido al orgullo.

Tres maneras en las que el perfeccionismo nos frena

Luego de aquella larga conversación en la cocina, sentí curiosidad por aprender más acerca del perfeccionismo para poder comprenderlo mejor. Una de las definiciones de *perfeccionismo* en el diccionario *Merriam-Webster*, en inglés, es: "la proposición de objetivos con una exigencia exorbitante junto con la disposición a considerar que es inaceptable no alcanzarlos y que es una señal de que uno no tiene valor alguno".[7] Investigué un poco y encontré algo interesante: "Lo que hace que el perfeccionismo sea tan tóxico es que, aunque los que están atrapados en él desean el éxito, *están más enfocados en evitar el fracaso*, por lo tanto, poseen una orientación negativa. Y el amor no es un refugio; de hecho, pareciera estar supeditado al desempeño".[8]

Desglosemos esta idea un poquito.

1. El amor parece estar supeditado al desempeño

Para aquellas que están atrapadas en el perfeccionismo (me declaro culpable), el amor no es un refugio, porque se siente como algo condicional, como si recibir amor dependiera de nuestro desempeño. ¿Lo notas? Ese es el problema fundamental de las perfeccionistas: el amor es algo que ganamos cuando tenemos buen desempeño.

Es más, el perfeccionismo distorsiona nuestra capacidad para amar porque deforma la manera en que entendemos el amor. Cuando actuamos en función del perfeccionismo, en lugar de actuar en función del propósito, no nos permitimos recibir amor, solo nos permitimos ganarlo.

Cuando soy gobernada por el perfeccionismo o cuando vivo conforme a las aparentes expectativas, le doy prioridad al desempeño por sobre el propósito y no hago aquello para lo cual fui creada: amar a Dios, amar a las personas y permitir que me amen. Si no creo verdaderamente que soy amada, no podré compartir aquello que no tengo.

2. El perfeccionismo pone el foco en mí

Imagina vivir en una casa en la que, en lugar de ventanas, haya espejos. Estaría muy oscuro en el interior y lo único que podrías ver sería a ti misma. No podrías ver la luz del sol ni lo que está sucediendo en el mundo exterior. Vivir con el perfeccionismo es más o menos así. El perfeccionismo y el orgullo me roban el propósito porque todo lo que veo es a mí misma. Cuando estaba sentada con mis amigas alrededor de la mesa, llegué a una conclusión: como mujeres de propósito, debemos pasar menos tiempo mirando nuestro reflejo en el espejo y más tiempo reflejando luz y amor al mundo.

El perfeccionismo dice: "Mírenme. ¡Lo tengo todo bajo control!".

El propósito dice: "Ey, hermana, hagamos esto juntas".

Este es un factor que marca la diferencia entre el perfeccionismo y el propósito: el perfeccionismo nos encierra en nosotras mismas, pero el propósito nos llama a salir de nosotras: a salir de nuestras imperfecciones y obsesiones, y a entrar a la vida de los demás.

El perfeccionismo nos motiva a cubrir todos los defectos y a proyectar una imagen impecable de nosotras, nuestros logros y nuestro valor. Pero vivir con propósito no pone el foco sobre nosotras, sino que nos ayuda a enfocarnos en Quien siempre fue el foco. (¿Te gustó mi trabalenguas?).

¿Qué ves *tú* cuando miras el espejo? ¿Ves a una mujer hecha añicos por el perfeccionismo o a una mujer que refleja el amor de Dios y es impulsada por su propósito?

3. El temor al fracaso reemplaza las prioridades

Como les dije a mis amigas, nunca más quiero fracasar. No quiero fracasar como esposa. No quiero fracasar como amiga. No quiero fracasar como líder en mi trabajo y mi comunidad. No quiero fracasar como hija, vecina o voluntaria. La lista podría seguir, pero creo que entiendes a qué me refiero.

No quiero fracasar en nada ni decepcionar a nadie.

Dado que el perfeccionismo no se trata tanto de alcanzar el éxito como de evitar el fracaso, tiene sentido que sintamos que debemos hacer todo e incluso que intentemos agradar a las personas únicamente para demostrarnos a nosotras mismas (y quizá a los demás) que valemos por lo que somos. Sin embargo, el deseo de evitar el fracaso puede generar una sofocante presión por ser todo para todos al mismo tiempo y por hacerlo todo. Aceptamos actividades que nos pesan e, inevitablemente, la presión aumenta.

Descubrí que cuando es el temor al fracaso el que guía mis actos, me abruma la presión por demostrar quién soy y pierdo de vista la única prioridad que realmente importa: la misión que Dios me ha dado para esta etapa de la vida.

¿También sientes esta presión y sucumbes ante las exigencias de las expectativas irreales? ¿Te has dicho algo así como...?:

- *No quiero fallarle a mi amiga.*
- *No quiero decepcionar a nadie, así que aceptaré esta otra actividad, aunque sé que será difícil tener tiempo para ella.*
- *No quiero quedarme corta como la capitana del equipo, la madre en el aula o _____.*

Querida, escúchame. En la búsqueda de tu propósito, decepcionarás a otras personas de vez en cuando. No permitas que eso te desaliente. No permitas que te venza. Si estás distraída corriendo por todos lados e intentando ser todo para todos, no podrás dar lo mejor de ti en aquello que Dios diseñó para ti. No funciona de esa manera.

Proclámalo. Una y otra vez dítelo a ti misma, hasta que te quede grabado en el cerebro. En serio.

No puedes hacer *todo* bien; no puedes dar lo mejor de ti en cada actividad que realizas si estás intentando ser la mejor en todo. Puedes intentarlo, por supuesto, pero te toparás con los límites de la capacidad humana. Comenzarás a tomar atajos o a gritarles a tus seres queridos porque la presión será insoportable. Tu corazón se debilitará. No podrás dar lo mejor de ti porque estarás demasiado distraída intentando ser la mejor. Te perderás citas divinas porque los compromisos que ya tienes son infinitos y tu lista de tareas pendientes es demasiado larga. (Me estoy sermoneando a mí misma en este punto).

Me encanta la frase "Soy un ser humano, no un hacer humano".[9] Una no encuentra su propósito intentando demostrar que es valiosa, sino dándole prioridad a lo que es importante para poder enfocarse completamente en aquello para lo cual fue creada.

Creo que, debido a nuestros esfuerzos por evitar el fracaso en todo, erróneamente dejamos de ser fieles en esas pequeñas cosas que verdaderamente importan. Debemos librarnos inexorablemente de la presión por demostrar quiénes somos y por agradar a las personas dándole prioridad a lo más importante.

Elige tres áreas para enfocarte y adminístralas fielmente durante esta etapa, y luego divide esas tres prioridades en subprioridades. Por ejemplo, si una de mis prioridades principales es mi matrimonio, eso significa que debo tener tres subprioridades para administrar mi matrimonio. Matt y yo tenemos tres aspectos que priorizamos constantemente en nuestro matrimonio para mantenerlo sano: pasamos juntos las tardes de los domingos, con tiempo ininterrumpido para planificar nuestra semana (sin teléfonos); mantenemos rutinas constantes los dos juntos (la cena, el ejercicio físico cada mañana, etc.); y asistimos a reuniones quincenales de consejería matrimonial.

Elige tus tres prioridades principales y luego permítete fracasar en todo lo demás. Cuando digo fracasar, no quiero decir que descuides totalmente todo lo demás, sino que te permitas no estar tan disponible para todo aquello que no constituye tu principal prioridad. De lo contrario, comenzarás a descuidar lo que consideras tus prioridades. Enfocarte en estas puede significar que algunos amigos se aparten de ti o que tú te apartes de ellos por un tiempo. Está bien. De todas formas, nadie puede administrar fielmente docenas de relaciones profundas y significativas al mismo tiempo. Recuerda que está bien priorizar la calidad por sobre la cantidad cuando administramos lo más importante.

Cuando pierdo esto de vista o no puedo estar presente en lo importante porque mis prioridades están fuera de control, algo debe irse. Como dice mi sabia suegra: "Bendice y suelta". *Suelta* las presiones que te abruman para poder *recibir* el fruto que viene cuando administras bien tus prioridades. Intentar operar más allá de tu capacidad únicamente para demostrar algo no solo te lastimará, sino que también se convertirá en una barrera que te obstruye el paso. Quizá debemos fracasar en algo para poder ser fieles en lo poco que realmente importa más.

Deja de vivir en los extremos

Si no soy cuidadosa, puedo comenzar a vivir en los extremos. Por ejemplo, si el perfeccionismo me domina y controla mis decisiones por demasiado tiempo, a la larga chocaré con una pared y quedaré exhausta, porque nunca alcanzaré la perfección. Sentiré que todos mis esfuerzos se echaron a perder.

Cuando eso sucede, me desplomo y solo quiero apretar el botón para hacer todo más fácil. Quizá te sientas identificada con esto. Cuando la vida no parece tan fácil, nuestro himno puede ser "Está bien ser descuidada, quizá hasta sea algo bueno". Es casi como si dijéramos: *Bueno, si no puedo ser perfecta, iré en dirección contraria y dejaré de intentarlo.*

Esa tampoco es la mejor respuesta. De hecho, puede que sea irresponsable. Esa mentalidad nos aleja de nuestro propósito tanto como el perfeccionismo. Vivimos en los extremos de las expectativas irreales y las creencias restrictivas, y oscilamos de un extremo del espectro al otro.

Si la presión te está alcanzando o si sientes la tentación de rendirte, te regalo tres pasos proactivos que puedes dar ahora mismo para abrirte camino entre el perfeccionismo y la presión por demostrar quién eres.

1. No enumeres únicamente tus prioridades, haz lo que sea necesario para vivirlas

Mis prioridades deben quedar en evidencia por la manera en que vivo. No debería tener que enumerarlas o explicarlas si realmente las estoy viviendo. Esto también es cierto en tu vida. Es inútil enumerar nuestras prioridades si no las reflejamos en nuestra vida diaria. Debo analizar a fondo todo lo que *digo* que son mis prioridades y compararlas con aquello a lo que le dedico tiempo. Una manera simple para comenzar es responder estas preguntas:

- *¿A qué le dedico la mayor parte de mi tiempo, energía y recursos?*
- *¿Cómo se corresponde esto con lo que digo que son mis prioridades?*
- *¿Cómo puedo poner el amor en acción? En otras palabras, ¿cómo puedo priorizar darle amor a los demás y recibirlo sobre mi afán por demostrarles a las personas quién soy?*
- *¿Cuál es la manera más simple y eficaz de alcanzar los objetivos del día de hoy?*

2. Identifica qué motiva tu perfeccionismo e interrúmpelo

Sé que internet alimenta mis tendencias hacia el perfeccionismo. Cuando miro una cocina con un estilo perfecto o una *selfie* sin imperfecciones, comienzo a sentir que no debería mostrarle nada al mundo hasta que se vea totalmente perfecto. Ya que sé esto de mí misma, tengo que interrumpirlo desconectándome y, en su lugar, estar presente si quiero hacer algo de importancia. Una manera simple de cambiar el perfeccionismo por el propósito es elegir constantemente ponerle toda tu atención, dondequiera que te encuentres, a las personas que están a tu lado. Reemplaza cinco minutos de pantalla por cinco minutos de tiempo de calidad, ya sea con tus hijos, tu marido, una amiga o Dios.

Una vez, mi mamá me aconsejó que involucrara los cinco sentidos cuando intentara estar presente. Luego me dio algunos ejemplos. Si tus niños están saltando sobre las hojas, no te limites a mirarlos desde lejos, tomar fotografías o pensar en lo que tendrás que hacer dentro de cinco minutos. ¡Salta con ellos! Siente cómo crujen las hojas debajo de los pies, respira profundo y disfruta el aire fresco del otoño, escucha con atención las risas de tus hijos y ríete con ellos. Si estás caminando con una amiga, presta atención a lo que está diciendo y mantén una conversación con ella. Mira las flores, hasta puedes detenerte para olerlas o tocarlas (no importa cuán cliché suene esto). Enfoca tu mente, tu cuerpo y tu alma en ese momento. Estar completamente presente, aunque sea por un rato, es una disciplina simple que mantiene mi corazón enfocado en el propósito que me concierne y aligera la carga del perfeccionismo. Cuando priorizo estar presente, evito vivir bajo la presión constante para tener éxito.

3. Haz un plan para superar la procrastinación

La procrastinación es una señal de que estoy evitando el fracaso y eso es una señal de perfeccionismo. Tómate un tiempo para pensar si has estado procrastinando en lugar de perseguir el sueño, la idea o la visión que Dios te ha dado. Decide hacer algo simple para seguir adelante. Pídele a alguien que te exija dar este gran paso en una determinada fecha. En lugar de simplemente sortear ideas o listas de actividades pendientes, fija objetivos alcanzables y ponles una fecha para cumplirlos. Si quieres abrir una tienda, tendrás que escribir pasos de acción y deberás comprometerte a completarlos en una fecha límite. Por ejemplo: "Para el 1 de junio, tendré un sitio web y lo habré publicado". Dar pasos para priorizar el propósito por sobre la procrastinación siempre le gana al perfeccionismo.

¿La conclusión? Reemplaza la presión por el propósito priorizando y dando lo mejor de ti en todo lo que hagas. ¿Sabes por qué? Porque los sueños preciosos que están acurrucados en tu corazón y las personas con las que compartes la vida son privilegios y deberías tratarlos como tal. Nunca olvides que la fidelidad en las cosas pequeñas supera la lucha por la perfección en todo lo demás.

CAPÍTULO 9

Supera la distracción mediante la *disciplina*

Lo admito. Soy una persona que se distrae con facilidad. Es decir, a veces hasta el mercado me agobia. No, en serio. Las opciones son *tantas* para cada artículo. ¿Por qué necesitamos doce variedades de manzanas? Esa es una pesadilla para una chica indecisa como yo. ¿Manzanas Marigold o Granny Smith? ¿Honeycrisp o Golden Delicious?

Esto puede parecer ridículo, pero si no voy al mercado con el estómago lleno y una lista de lo que necesito, organizada conforme a la disposición de la tienda y mi recorrido predeterminado para hacer las compras, me lleva muchísimo tiempo tomar las decisiones. Y eso sin mencionar que si doy siquiera un vistazo al pasillo donde están las galletas, estoy perdida. El chocolate y las galletas son como medicina para mi alma… y un veneno que produce espinillas y caries.

La semana pasada estaba sentada en la silla del consultorio de mi dentista y ella me preguntó cuándo me gustaría volver para los empastes. Sí. Empastes, en plural.

¿De qué estás hablando, mujer? Me cuido muy bien los dientes.

Entonces me informó que tenía cinco caries. Cinco. La chica que había tenido tan solo una caries en toda la vida, la chica que usa el hilo dental diligentemente de repente aparece con cinco caries. ¿Cómo es posible?

Cuestioné su diagnóstico:

—¿Cinco? ¿Estás segura?

Estaba segura y me preguntó si había ingerido más azúcar últimamente.

Oh, ¿te refieres a todas las galletas y el helado que se escabullen en mi carro de compras en el supermercado? ¿Cómo sabes eso?

Hago mi propio diagnóstico: no son meras caries. Son las pruebas de los daños que causa la distracción. Cuando me distraigo con lo que se *ve* bien, en lugar de enfocarme en lo que *es* bueno para mí, las decisiones sabias que pretendo tomar se quedan a mitad del camino.

Y eso es costoso.

¿Por qué hablo de esto? Porque somos una generación pionera, una de las primeras generaciones de mujeres que tenemos oportunidades aparentemente ilimitadas al alcance de nuestras manos con tan solo un poco de agallas y una búsqueda en Google. Podemos abrir una tienda en Etsy fácilmente desde nuestra habitación, inscribirnos en la universidad o intentar cualquier cosa que nos interese. Claro, puede haber obstáculos en el camino, pero lo que intento decir es que las opciones disponibles son mayores que en cualquier otro momento de la historia y, para aprovechar muchas de ellas, solo debemos tocar un botón o la pantalla de nuestros teléfonos.

Aunque esta es una bendición enorme por la que cada una de nosotras deberíamos estar agradecidas, sé que muchas se sienten agobiadas por el exceso de información o por la presión para elegir.

Piénsalo. Cuando estás en un bufet y *todo* se ve bien, pero en tu plato solo cabe una cierta cantidad de comida, ¿qué eliges? ¿Qué comida es realmente buena para ti? ¿Cómo puedes reducir las opciones o elegir entre macarrones con langosta y guacamole con papas fritas?

Nos enfrentamos a un dilema interesante, amiga. Sin duda alguna, es bueno, pero no deja de ser desafiante.

Quizá una de las barreras más importantes con la que nos enfrentamos para poder vivir conforme a nuestro propósito en la *era de la información* no es la falta de oportunidades, sino la lista infinita de opciones: a qué debemos prestarle atención y dónde debemos invertir nuestro tiempo, talento, energía y demás.

¿Alguna vez te sentiste así? ¿Esa incertidumbre profunda que se apodera de ti cuando debes decidir una especialización, el próximo paso que darás en tu carrera profesional o hasta cómo invertirás el tiempo libre en línea?

Cuando iba a la universidad y la asesora me dijo que debía elegir una especialización, miré los 257 millones de opciones y casi le devuelvo la lista. *¿Es un chiste? ¿Cómo se supone que haga esto?*

¿Cómo se supone que una chica sepa para qué fue creada cuando tiene frente a ella una variedad de opciones tan amplia, pero muy poquito tiempo? ¿Cómo elige únicamente *una* que sea adecuada para ella? Eso suena como un ataque de ansiedad en potencia. Desafortunadamente, una cantidad excesiva de opciones puede resultar tan paralizante como la falta de oportunidades. En lugar de decidirse por una y seguir adelante, la chica puede sentirse tan agobiada que termina estancándose.

Cuando la vida parece incierta o agobiante, las distracciones pueden convertirse en la opción a la que acudimos por defecto para que adormezcan nuestros temores acerca de lo que estamos haciendo y hacia dónde nos dirigimos. Quizá nos damos el gusto de una galleta más, un minuto más en internet o algo más que solo perjudica nuestra capacidad de caminar hacia nuestro destino.

Lo que pongo en mi carro importa

Hace poco leí un proverbio que dice así: "Por sobre todas las cosas cuida tu corazón, porque de él mana la vida".[10]

¿Qué quiere decir esto en la práctica?

Bueno, cuando voy al supermercado, me enfrento a cientos de elecciones relacionadas con cuáles productos pondré en mi carro, con qué abasteceré mi refrigerador y, básicamente, qué consumiré. Como ya mencioné, mi capacidad para tomar decisiones se altera muchísimo cuando el viento trae el olor de las galletas hacia mí y me seduce hacia el pasillo donde me esperan los pastelitos Little Debbie y las galletas Chips Ahoy.

Sin embargo, si estoy preparada con una lista que guíe mi proceso de toma de decisiones, suelo decidir con más sabiduría y resistir el deseo de echar un vistazo a ese pasillo. Por ejemplo, si pongo espinaca en mi lista, pongo espinaca en mi carro. Si pongo espinaca en mi carro, la consumiré. No es necesario ser una doctora para saber que la espinaca tiene muchos beneficios para la salud: fortalece los músculos y mejora la presión sanguínea y la visión.

De la misma manera, todos los días me enfrento a cientos de decisiones relacionadas con las voces que permitiré que me hablen al corazón y determinen en qué dirección me muevo. Me enfrento con decisiones relacionadas con aquello a lo que le prestaré atención y en lo cual invertiré mi energía. Si no estoy preparada para tomar una decisión sabia —si no tengo un plan—, siempre tendré miedo de tomar la equivocada y terminaré distraída y escuchando a docenas de voces que quizá no me presenten las opciones más sanas. Las distracciones me convierten en una consumidora del mundo en vez de una colaboradora con el mundo. Pero los colaboradores son los que cambian el mundo.

Si todo mana de nuestro corazón, entonces todo lo que pongamos en nuestro corazón y en nuestra mente tendrá un impacto inevitable en todo lo que hagamos y en la manera en que vivimos. Si alimentamos nuestra alma con basura o con distracciones nocivas, viviremos nuestra vida cotidiana sin disciplina o dirección. Cuando no estamos preparadas o no tenemos un plan, podemos sentirnos agobiadas y será mucho más probable que pongamos decisiones nocivas en nuestro carro o en nuestro corazón porque nos parecen atractivas en ese momento.

Como dijo Benjamin Franklin una vez: "Quien fracasa al planificar, planifica su fracaso".

¿Hay otra manera?

Haz un plan de acción ante distracciones

En lugar de intentar ignorar las distracciones inevitables que surgen a lo largo del día, puedo combatirlas con estas medidas:

1. Identificar mis distracciones por defecto.
2. Tener una estrategia para la toma de decisiones.
3. Equiparme con una lista.

1. Identifica tus distracciones por defecto

Con base en mi experiencia, creo que uno de los objetivos más inteligentes que podemos ponernos es esforzarnos por ser más conscientes de nosotras mismas. Cuando nos entendemos a nosotras mismas, podemos descubrir la raíz del motivo que define nuestros comportamientos en lugar de tratar los síntomas con soluciones rápidas o listas de tareas pendientes que nunca completamos.

Todas tenemos nuestras estrategias de defensa, las distracciones a las que recurrimos por defecto cuando los días nos agobian. Al igual que las galletas, esas distracciones tienen una manera furtiva de dejarnos satisfechas. Aun un instante de satisfacción puede engañarnos y hacernos pensar que hemos encontrado lo mejor para nosotras. Los cumplidos o la afirmación que recibimos cuando aceptamos muchos compromisos pueden hacernos sentir importantes y significativas frente a las personas a las que les dijimos que sí, aun cuando esos compromisos básicamente nos distraen de lo más importante. El entretenimiento o la validación que recibimos en las redes sociales tienen el poder de adormecer nuestra mente y bloquear aquello que nos preocupa, pero también nos adormece el corazón y bloquea lo que Dios intenta decirnos.

El peligro de actuar por defecto es que es un modo pasivo por naturaleza. Una mujer que vive con el alma en piloto automático no puede ver qué dirección debe tomar. Cuanto más distraídas estemos, más pasivas nos volveremos.

Cuanto más pasivas estemos, menos apasionadas seremos, lo que nos impedirá ir tras el propósito para el cual fuimos creadas. Esto es precisamente lo que no queremos que suceda. No podemos darnos el lujo de estar tan abrumadas por las distracciones que terminemos calladas en los lugares donde debemos hablar, sin poder ver con claridad y corriendo sin rumbo mientras intentamos demostrar quiénes somos, en lugar de adecuarnos a la vida para la que Dios nos creó.

Habiendo dicho eso, la conciencia de una misma es clave para superar las distracciones. Muchas de nosotras intentamos no mirarnos en el espejo y no aprender más acerca de nosotras mismas. En lugar de cavar más profundo para ver qué está sucediendo, nos distraemos y únicamente empeoramos el problema.

A veces, indagar en nuestra alma puede parecer aterrador. ¿Y si encuentro algo que no me gusta? Sin embargo, conocernos, ser conscientes de nosotras mismas, es una de las fortalezas más grandes que tenemos para enfrentar las distracciones que nos desvían de nuestro destino.

Por ejemplo, cuando estaba en atletismo en el bachillerato, debía conocer tanto mis fortalezas como mis debilidades para tener esperanzas de ganar las competiciones y, ante todo, para correr las carreras adecuadas. No era buena para correr largas distancias, pero era excelente en las carreras cortas. Si hubiera estado distraída intentando alcanzar a los corredores de distancias largas, habría sacrificado la capacidad de permanecer en mi carril, entrenar y correr las carreras indicadas para mí.

Conócete a ti misma. ¿Cuáles son las distracciones a las que recurres automáticamente cuando la vida te agobia o cuando te enfrentas a una decisión difícil?

El primer paso es hacer un inventario de las distracciones dañinas que ocupan un lugar en tu vida por defecto para que puedas diseñar las disciplinas necesarias para combatirlas.

2. Ten una estrategia para la toma de decisiones

Creo que, a veces, olvidamos que las distracciones no incluyen únicamente a las redes sociales o la televisión. Distraerse es estar preocupada por cualquier tema ajeno a nuestras prioridades. Es el tiempo invertido en tareas insignificantes y compromisos innecesarios que no nos ayudan a mover la aguja en la dirección en la que queremos ir.

Hace unos meses, fui a una conferencia y una de las oradoras, quien ahora es una querida amiga, mencionó que solía debatirse tratando de decidir a qué le diría que sí y a qué le diría que no. Mientras yo sentía, sentada ahí, como si ella le estuviese hablando a mi alma, mi amiga le enseñó a la audiencia una simple herramienta para tomar decisiones momentáneas. Esta herramienta se llama la regla 10-10-10. La autora y oradora Suzy Welch creó este concepto revolucionario.

El concepto es simple. Cuando te enfrentes a una decisión relacionada con la manera en que invertirás tu tiempo o aquello a lo que te comprometerás, hazte las siguientes preguntas:

- *¿Cuáles serán las consecuencias de esta decisión dentro de diez minutos?*
- *¿Dentro de diez semanas?*
- *¿Dentro de diez años?*

Ha sido de mucha ayuda para mí porque me anima a salir de lo momentáneo y a pensar a largo plazo. Si le digo que sí a algo (aun cuando se trate de algo pequeño) que parece maravilloso en ese momento, pero no es lo mejor para mí a largo plazo, probablemente me sienta muy bien al respecto dentro de diez minutos, pero no tan bien dentro de diez semanas. Y quizá hasta lo lamente dentro de diez años. Todo se reduce a trazar una línea decisiva con las preguntas: *¿Se alegrará la Jordan del futuro de haber comprado en el presente pastelitos Little Debbie y Doritos? ¿O esto solo hará feliz a la Jordan del presente?*

La próxima vez que sientas la tentación de desviar la atención del proyecto en el que estás trabajando para mirar Instagram o para aceptar otro compromiso porque no quieres decepcionar a un amigo, intenta usar la regla 10-10-10 para guiar tu proceso en la toma de decisiones.

Asegúrate de que las decisiones grandes y pequeñas sean buenas para ti, tanto en el presente como en el futuro. Cuando hagas eso, te estarás preparando para una vida repleta de aquello para lo cual fuiste creada en lugar de sentirte abrumada por todo aquello que únicamente te frena.

3. Equípate con una lista

Cada decisión cotidiana que tomamos tiene un efecto mayor del que creemos, porque las decisiones pequeñas se van sumando. Si me distraigo una vez en el pasillo de las galletas, los efectos serán relativamente inofensivos. Pero, como descubrí en la silla de la dentista, una distracción puede convertirse en dos, tres o aún más distracciones que causan más daño del que había anticipado. Los paseos individuales por el pasillo de las galletas pueden no ser muy destructivos por sí mismos, pero semana tras semana se acumularán y los efectos en mi salud se harán visibles. Esto también es cierto en el caso de otras distracciones —y mentiras— que permitimos que entren a nuestra vida y se instalen en nuestro corazón. Es importante contar con una guía para conservar una mentalidad eterna cuando las distracciones momentáneas comiencen a colarse.

Usualmente, cuando voy al supermercado y logro *no* cargar en mi carro la basura que me pudre los dientes y me tapa las arterias, es porque planifiqué e hice una lista. Escribo esa lista *antes* de verme rodeada de opciones para que me sirva de guía. De esa manera, es menos probable que las Oreo y los Doritos me distraigan porque mi lista ni siquiera me conduce hacia los pasillos de las galletas y las papas fritas.

¿Y si hiciéramos lo mismo en la vida? ¿Y si tuviéramos una lista de lo que es saludable para nuestro corazón? ¿Cómo sería nuestra vida si nos despertáramos cada mañana con una lista simple y tangible de los principios que permitiremos que guíen nuestro corazón y luego nos apegáramos a ella durante todo el día y comparásemos nuestras decisiones con esa lista?

Esa lista nos guiaría a tomar decisiones más sabias, nos prepararía para enfrentar las distracciones y nos permitiría caminar de manera osada hacia nuestro destino. Si tuviésemos una lista, podríamos enfocarnos.

Te animo a llevar una simple lista para comparar con ella todas las exigencias, las decisiones y las distracciones con las que te enfrentas a diario. No es tanto una lista de tareas por hacer, como una lista *para ser*. Es una lista fundamentada en tu propósito, que te guiará para que *seas* una persona más enfocada, en lugar de distraerte con compromisos innecesarios.

Una vez que hayas identificado las distracciones a las que recurres automáticamente, crea una lista de principios intencionados que reemplazarán a aquellos a los que recurres por defecto. Luego, dedícate a cumplir esos principios. Esta lista intencionada te ayudará a *convertirte* en aquello para lo cual fuiste creada. No es necesario que la lista sea larga, simplemente debe incluir un principio para combatir cada distracción por defecto. Te diré algunos de los principios que contiene mi lista.

A veces, cuando estoy aburrida, la distracción a la que recurro de manera automática son las redes sociales. Cuando miro lo que los demás están haciendo, pierdo de vista hacia dónde me dirijo. Por ese motivo, pongo principios rectores en mi lista: "Hazte presente en tu matrimonio", "Conoce a Dios y hazlo conocido" y "Lidera a tu equipo y trabaja bien". Estar distraída con lo que los demás están haciendo no se adecúa a estos principios. Cuando miro mi teléfono y me enfoco en lo que alguien más está haciendo, necesito recuperar el rumbo. Puse un fondo de pantalla que me recuerda una y otra vez que debo volver a enfocarme. Cada vez que me distraigo, esta guía me ayuda a volver a enfocarme en lo más importante.

Estos principios son algunos ejemplos de lo que podrías poner en tu lista. No hay respuestas correctas o incorrectas. Haz una lista simple y realista, escribe un principio por cada distracción a la que recurres por defecto cuando descubres que estás en piloto automático. Si son tres o cuatro distracciones por defecto, deberías escribir tres o cuatro principios claros para combatirlas. Una lista corta es poderosa porque es más fácil de recordar y, por lo tanto, también es más fácil ponerla en práctica, en especial, si está en un lugar en donde la verás frecuentemente.

Cada vez que comiences a sentirte agobiada por las opciones, compara lo que estás a punto de poner en tu carro —o en lo que estás a punto de invertir tu tiempo— con tu lista. Hazte la siguiente pregunta: *¿Quién quiero ser y* *cómo esta decisión en particular permite o bloquea ese objetivo mayor?*

Si esa acción o pequeña decisión no te permite ser la mujer en la que quieres convertirte o no se adecúa a los principios rectores que has escrito en tu lista, déjalos, hermana. Y no te atrevas a sentirte culpable por eso, ni siquiera por un segundo.

PARTE TRES

Qué hacer
ahora

CAPÍTULO 10

Enfócate en quién eres, no en lo que haces

¿Alguna vez te has preguntado qué se necesita para vivir una vida significativa? Aún más, ¿alguna vez te has sorprendido sintiéndote abrumada por pensamientos como *¿Qué le da significado a mi vida?*

Recuerdo que cuando era una adolescente, sentada en mi habitación —que había sido decorada con mucho estilo, pintada de un rosa intenso y cubierta con rayas imitando la piel de cebra—, me sentía abrumada por los inminentes cambios de la vida, tales como la graduación del bachillerato y las solicitudes de ingreso a la universidad.

Las imperiosas responsabilidades y decisiones hacían que mirara mi vida y me preguntara: *¿Quién soy? ¿Qué se supone que haga?* Bueno, al menos me hacía las preguntas en el orden correcto. Creo que debemos saber quiénes somos si queremos llegar a descubrir qué es lo que debemos hacer.

A pesar de que mi fe todavía no era personal (ni demasiado fuerte), pensé que hacerle a Dios las preguntas con las que luchaba en mi corazón quizá podría ayudar. Recuerdo con claridad que miré hacia el cielo (bueno, en realidad, hacia el ventilador de mi techo, pero tú me entiendes) y pregunté en voz alta: "Dios, ¿quién soy?".

Honestamente, esperaba una respuesta con una enumeración larga de afirmaciones como, por ejemplo: *Eres una estudiante diligente. Eres una buena hermana mayor. Eres una atleta talentosa.* (Está bien, quizá exageré un poquito en la última).

Muy a mi pesar, no recibí ninguna de aquellas respuestas. De hecho, al principio no recibí ninguna respuesta. ¿Sientes como si Dios enviara tus oraciones al buzón de voz cuando una respuesta no llega de inmediato? Eso era lo que yo pensaba en aquel entonces. Sin embargo, lo intenté de nuevo: "Dios, ¿quién rayos soy?".

Inmediatamente, una simple palabra llegó a mi corazón: *Mía.*

Esa respuesta tan sencilla y profunda me tomó por sorpresa, a tal punto que, en ese momento, no sabía si realmente había sido Dios o solo mis pensamientos. Desde aquel entonces, he pensado mucho en eso —y durante años, si me permites decirlo—. En retrospectiva, y teniendo en cuenta otras veces en las que Dios ha tocado mi corazón, ahora estoy convencida de que era realmente Dios dándome la lección fundamental que necesitaba aprender para la vida. Esta palabra que llegó a mi corazón marcó un momento muy específico y decisivo de mi viaje hacia el conocimiento de mí misma y de mi Creador.

Entonces, ¿por qué cuento esto?

Lo cuento porque comprender quién soy no depende de lo que hago, sino de quién Dios dice que soy. Eso cambia todo.

A los diecisiete años, Jordan no era la suma de sus logros, títulos o etiquetas. De hecho, todo eso era secundario. Si creo que eso es cierto, si realmente creo que quien soy es más valioso que lo que puedo llegar a demostrar, *¿no debería* cambiar todo? Esa verdad clave me da valentía, valor, autoridad, poder y confianza. Encontré la respuesta a la pregunta más importante de mi vida en un diálogo tan profundo como simple que muchos ni siquiera se animan a entablar.

No estoy afirmando que comprendo todo lo que se puede saber acerca de Dios. De hecho, todavía lucho con dudas y preguntas complicadas que, probablemente, nunca obtengan una respuesta. Eso forma parte del ser humano. Eso forma parte de la fe. Uno no puede tener fe si tiene todas las respuestas.

No sé tú, pero he visto suficientes pruebas en mi vida de que soy mucho más que lo que hago.

El Creador de todo el universo me ve, en medio de mi desastrosa vida, y dice: "Ella. Ella es mía". Y creo que dice lo mismo acerca de ti.

El antídoto para la inseguridad

He estado yendo últimamente a una cafetería local para escribir y, el otro día, me crucé allí con Zach, un amigo de la familia. Mesas redondas, ventanas grandes y el aroma de café recién hecho nos rodeaban mientras nos poníamos al día con un café helado. Le conté acerca de este libro y de cómo estaba intentando juntar palabras que tuvieran sentido, y él me puso al corriente de algunos proyectos en los que él y su esposa, Megan, estaban trabajando.

Cuando hablábamos sobre el propósito y el destino, así como de la confianza y los sueños, dijo algo muy simple, pero muy profundo:

—Siempre vivimos con base en la persona que creemos que somos.

Guau.

Me levanté y exclamé:

—¡Eso es! ¡Eso es!

—¿Qué cosa? —preguntó él.

—La identidad es el remedio contra la inseguridad. ¡Es la clave para salir de nuestros caminos y comenzar a vivir la vida para la cual fuimos creadas!

Si hay algo que aprendí de mí misma, es que no vivo con propósito cuando me siento insegura, en especial cuando permito que mi inseguridad se convierta en mi identidad. Me limito a mí misma cuando permito que mis circunstancias o las expectativas a la altura de las cuales creo que debo vivir dicten mi identidad y, por lo tanto, mi destino. Dejo que las etiquetas y las creencias restrictivas me aprisionen cuando afirmaciones como "Me siento insegura acerca de _____", suenan como "*Soy* insegura".

Cuando la inseguridad se convierte en una identidad, nos encontramos frente a un gran problema.

Sin duda alguna, cuando olvido quién soy en verdad, me atasco.

Cuando recuerdo los momentos en que me sentí más insegura, noto algo profundo: no fue cuando estaba fallando, sino cuando estaba a punto de ingresar a mi destino, que la inseguridad me hacía tropezar y me frenaba.

Si creo que lo contrario a la inseguridad es una identidad segura como una hija de Dios, vivir realmente como tal (en lugar de simplemente asentir con la cabeza cuando mi pastor lo dice) es un prerrequisito para vivir con propósito.

Solo puedo hacer aquello para lo cual fui creada cuando sé quién soy.

Quizá el motivo por el que con tanta facilidad nos sentimos inseguras es que solemos interpretarlo al revés. Intentamos encontrar nuestro valor y nuestra identidad en lo que hacemos y en las etiquetas que llevamos, en lugar de permitir que nuestras vidas reflejen la persona que Dios es en nosotros y quien dice Él que somos.

Me parece interesante cuán rápida y ávidamente mostramos la imagen del mundo —como, por ejemplo, vistiendo un nuevo conjunto y representando con orgullo a nuestras marcas preferidas— y, sin embargo, cuán reticentes somos a asumir plenamente nuestra identidad.

Allí es donde muchas nos quedamos atascadas. Ese es el motivo por el que andamos errantes y nos preguntamos: *¿Cuál es mi propósito?* En cambio, deberíamos preguntarnos: *¿Cómo puedo vivir con base en la persona que soy hoy?*

Cuando baso mi identidad en los parámetros del mundo —tales como mis circunstancias, mi apariencia, mis logros, mi reputación o mi posición social—, mi propósito siempre será inalcanzable, porque basar mi identidad en esos parámetros conduce a la inseguridad.

¿Por qué? Porque esos parámetros no son seguros; no perduran.

Nuestra posición social o circunstancias pueden cambiar. Los logros son temporales y no podremos llevarnos nuestros premios cuando exhalemos el último aliento.

Entonces, la clave para superar las inseguridades, las expectativas y la presión por demostrar lo que somos es conocer nuestra verdadera identidad y vivir con base en esta.

Siempre vivimos con base en la persona que creemos que somos.

Deja de preguntarte *¿Quién soy yo para _____?*

Cuando apenas comenzaba mi pequeña tienda en Etsy, desde un armario de almacenamiento de AOII, imprimí una etiqueta de envío para remitir un artículo a una mujer de Alemania y pensé: *¿Quién soy yo para crear algo que alguien querría comprar desde el otro lado del mundo?*

Cuando hablé por primera vez con mi agente literario, simplemente para aprender más acerca del proceso editorial, algo que desconocía por completo, hice una pregunta similar: *¿Quién soy yo para escribir un libro?*

Cuando me pidieron que hablara delante de muchísimas mujeres, el mismo pensamiento discurrió por mi cabeza: *¿Quién soy yo para inspirarlas, alentarlas o enseñarles algo?*

Si alguna vez te hiciste alguna de estas preguntas, presta atención porque esto es importante.

Aunque creo que es normal sentirse aturdida por las oportunidades gigantes para las cuales no nos sentimos capaces, pienso que muchas de nosotras pasamos demasiado tiempo en esa instancia de incredulidad.

En lugar de luchar con el pensamiento y de todas formas darle una oportunidad a nuestro plan, nos quedamos atrapadas y nos preguntamos en nuestro subconsciente: *¿Quién soy yo para ejercer influencia? ¿Quién soy yo para intentar empezar ese negocio? ¿Quién soy yo para convertirme en una doctora? ¿Quién soy yo para escribir un libro? ¿Quién soy yo para liderar un grupo pequeño?* Las preguntas son ilimitadas.

¿Sabes qué hacemos en esas circunstancias? Ni papa. Cero. Nada. Nada de nada. Eso es lo que hacemos. Hacemos cosas insignificantes porque nos sentimos insignificantes, y nos olvidamos de cuán grande es Dios.

Aquí sale a relucir, una vez más, el síndrome del impostor, el cual tratamos en el capítulo 4. Es el síndrome del impostor que se manifiesta en la manera en que nos vemos a nosotras mismas y en que vemos nuestras ideas, pasiones, sueños y anhelos.

Así que esta es mi pregunta: ¿Qué tal si dejáramos de preguntarnos *quién soy yo para* _____ y comenzáramos a preguntarnos *quién soy yo para no* _____?

O, mejor aún, dejar de preguntarnos *quién soy yo para* _____ y comenzar a decirnos a nosotras mismas: *Espera, un momento, ¿quién soy yo?*

Si la idea de asumir tu identidad te parece inalcanzable o difícil de hacer realidad, te daré mi mejor consejo: deja de preguntarte *¿quién soy yo para* _____? En cambio, cuando comiences a sentirte insegura, recuerda quién eres.

Soy una hija de Dios y nada es imposible con mi Papá.

La inseguridad traba las puertas. La identidad —conocer quién es Dios en ti y vivir como si fueras la persona que Él dice que eres— las abre.

Y recuerda: no te encontrarás a ti misma cuando encuentres tu propósito; conocer quién eres es la clave para vivir tu propósito. A fin de cuentas, la identidad cumple un papel más importante que simplemente decirnos quiénes somos; nos revela por qué estamos aquí.

CAPÍTULO 11

Redefine el *éxito*

¿Alguna vez has sentido una presión gigantesca por alcanzar el éxito? ¿Alguna vez le has temido al éxito o te preocupaste porque pensabas que si triunfabas en algo, acabarías por estropearlo?

Quizá has visto los estándares irreales de las redes sociales, como #GirlBoss, y experimentaste una combinación extraña de sentimientos entusiastas y agobiantes.

Estoy a favor del empoderamiento de la mujer y de las redes sociales, pero, aunque estas iniciativas tienen mucho de bueno, también creo que muchas jóvenes perciben un mensaje subyacente y sutil a partir de lo que ven en los medios. Mi amiga Kat señaló que el mensaje sutil es: "Sé todo para todos en todo momento".

El problema no es que las mujeres tengan más oportunidades o den pasos audaces. El problema es la presión subyacente que las mujeres sienten por demostrar lo que pueden hacer.

Es probable que las mujeres sientan esta presión por una docena de motivos. Sin embargo, debido a mi trabajo, pasé bastante tiempo con mujeres jóvenes ajenas a mi grupo de amigas. Hablé con miles de mujeres en charlas en universidades y en conferencias en todo el país, por lo cual me siento cómoda cuando digo que esta no es meramente mi opinión, sino una experiencia extendida que pude observar durante los últimos años. Habiendo dicho esto, no pretendo ser una experta en la materia, y quizá tu perspectiva sea diferente.

Independientemente del lugar adonde vaya, desde el sur hasta el norte del país, noto un denominador común entre las mujeres. A medida que abrazo a las mujeres que hacen la fila para conocerme, puedo ver el cansancio en sus ojos. Esto me habla de cuánta presión sienten por intentar mantener el ritmo o por estar a la altura de las circunstancias.

Asimismo, he recibido innumerables mensajes en línea, muchos de ellos con la misma queja. Los mensajes dicen algo así como: "Estoy luchando con la ansiedad. A veces siento tanta presión por todo que me parece que no logro disfrutar nada. Cuando veo todos los mensajes de empoderamiento en internet, me siento inspirada y abrumada al mismo tiempo. Quiero ser la mejor versión de mí misma, pero a veces pareciera que debo estar 'encendida' en todo momento. Es, simplemente, demasiado".

Comprendo muy bien lo que sienten. Yo también lo he sentido en algunos momentos. Soy una mujer joven en una sociedad moderna y, aunque estoy eternamente agradecida por las oportunidades que pude aprovechar, también he sentido la presión tácita y subyacente por demostrar quién soy a través de lo que hago y de la manera en que los demás me ven. Casi nunca escucho que me digan que pare la locura y, en cambio, me encargue de los aspectos aparentemente pequeños, pero eternamente importantes de la vida, tales como la familia o las relaciones que me rodean. En cambio, el mensaje de que debo hacer más y ser más está todo el tiempo delante de mis narices. *Sé más, haz más, muestra más y logra más.* En otras palabras, demuestra más.

Esto es lo que quiero decir. Hace un tiempo, mientras miraba Pinterest, noté algunos pines con frases inspiradoras para mujeres. Una de ellas me llamó la atención. Tenía la siguiente frase en letras grandes y doradas: "Trabaja duro hasta que los que te odian te pregunten si pueden trabajar para ti". Me reí. Qué expresión tan motivadora, ¿verdad? Y pegadiza. ¡Hace que me den ganas de levantarme y comerme el mundo!

Sin embargo, a medida que pensaba más acerca de esa frase, me di cuenta de que, aunque el concepto es poderoso e incluso motivador, el corazón que la escribe es un corazón orgulloso. En definitiva, este mensaje te incita a demostrar quién eres llegando a la cima o convirtiéndote en un objeto de admiración.

Supongo que esto tiene sentido. ¡Es lo que el mundo nos dice que hagamos! Demostrar que los que nos odian están equivocados. Superar a los demás. *Oh, sí.* Entonces tendremos éxito, ¿no es así?

Quizá no.

No me malinterpretes. Espero que tengas disciplina en el trabajo. Trabajar duro —esforzarse— es bueno, pero he descubierto que cuando trabajo duro porque siento la necesidad de demostrarle algo al mundo (o a mí misma), puedo quedarme atrapada en el trabajo y perder la *esencia* de lo que estoy haciendo.

Cuando pierdo la esencia, olvido mi "porqué", y eso es un desastre. En ese momento comenzamos a reemplazar la excelencia por la presión por cumplir las expectativas. En ese momento, nos quedamos estancadas y acabamos completamente estresadas.

Como ya dije, estoy a favor de animar a las mujeres para que den lo mejor de sí mismas. Sin embargo, aprendí por las malas que existe una diferencia entre intentar *ser* la mejor y, simplemente, *dar* lo mejor.

La mujer que encuentra su valor, propósito y poder en su posición y las opiniones de los demás siempre será esclava de la presión por ser la mejor. Si logra seguirle el ritmo, será admirada y puede llegar a ser aclamada y celebrada. Pero seré honesta, cuando siento la presión por vivir a la altura de lo que el mundo dice que es poderoso, impresionante y admirable, me olvido de lo más importante.

Quizá te sientas identificada. Quizá eres una estudiante estresada que apenas logra vivir a la altura de las circunstancias, una madre cansada que tan solo quiere un descanso o una mujer solitaria completamente destrozada por un rechazo reciente. Quizá sientes que tus inseguridades te tienen acorralada y no sabes cómo escapar de ellas. Quizá cuando miras a las mujeres que el mundo admira, las mujeres que viven sueños grandiosos e impresionantes, te sientes pequeña, insignificante, invisible o ignorada.

Debido a todos los mensajes que nos dicen que debemos ser la mejor versión de nosotras mismas todo el tiempo, puede ser difícil encontrar un lugar en donde podamos respirar tranquilas. De hecho, no creo que podamos ser la mejor versión de nosotras mismas si nunca hacemos una pausa para comer, beber y ver que nuestras obras son buenas.[11] Asimismo, la presión por alcanzar el éxito en todo lo que las personas ven puede robarnos la capacidad de ser realmente exitosas en las áreas que nadie ve.

A decir verdad, yo solía pensar que las únicas mujeres que Dios usaba para cuestiones importantes eran las misioneras que salvan vidas en el extranjero o las mujeres que se paran en escenarios frente a miles de personas. No pensaba en la mujer agotada que limpia una sartén en el fregadero de su cocina e intenta no llorar después de un día largo, ni en la fiel mujer a la que le cuesta pagar la renta, ni en la joven que se está recuperando de una separación inesperada.

Eso cambió cuando empecé a estudiar las historias de las mujeres que Dios usó para hacer cosas que cambiaron el mundo. Mujeres como Ester, Rut y María. Te animo a que leas sus historias. No se propusieron convertirse en estrellas de *rock*. No intentaron vivir a la altura de lo que otras mujeres hacían. No estaban en la cima de su negocio multinivel, ni lideraban compañías multimillonarias, ni publicaban *selfies* desde sus oficinas lujosas en grandes ciudades.

¿Sabes qué hacían esas jóvenes? Se enfrentaron a su realidad cotidiana. Eran seres humanos comunes que no debían demostrar nada, pero podían darlo todo. ¿Cuál es la diferencia entre ellas y nosotras? Ellas no tenían todo el ruido. Tenían tiempo para escuchar lo que Dios intentaba comunicarles. Efectivamente, hacían lo que Él les decía y Él se encargaba de todo lo demás. Ejercían una influencia porque se enfocaron en las consecuencias. Simplemente se hicieron presentes, en lugar de intentar destacar.

Cuando necesitamos demostrar algo todo el tiempo, nos encerramos para proteger nuestra imagen y hacemos que todo gire alrededor de nosotras. Pero ¿sabes qué? El mundo no gira alrededor de ti o de mí, hermana. Sin embargo, cuando estamos dispuestas a darlo todo, cuando no tratamos de destacar y, simplemente, comenzamos a hacernos presentes para lo que Dios nos tiene preparado, incluso cuando eso ponga nuestra reputación en riesgo, podemos descubrir una vida significativa.

A partir de la lectura de las historias de estas mujeres, aprendí que el arte de vivir con propósito en la etapa de mi vida en que me encuentro comienza cuando renuncio a mi orgullo y redefino el éxito.

La presión desaparece cuando acepto el hecho de que no siempre encajaré en el molde de la persona que el mundo, la iglesia u otras personas quieren que sea. No siempre estaré a la altura de otra persona, y quizá eso está bien. Nueve de cada diez veces, no llegaré en primer lugar, no alcanzaré la cima ni tendré un desempeño excelente.

Pero ¿sabes qué? Eso no significa que no soy exitosa. Eso no significa que no puedo vivir una vida significativa.

¿Por qué? Porque en lo profundo de mi interior hay un propósito encendido por una pasión cotidiana. No proviene de lo grandioso e impresionante, sino de lo común —y aparentemente insignificante—, como unirme a una sororidad cuando estaba en la universidad, sentarme en un viejo sofá de segunda mano e intercambiar historias con el hombre que más tarde se convertiría en mi esposo y abrazar a la joven que está detrás de la caja registradora cuando me cuenta que tuvo una semana complicada.

Los momentos de los que no quedan registros. Las entregas sin espectadores. Los síes inseguros que pronuncié y me llevaron a lugares desconocidos que me dejaron completamente desnuda —en el mejor de los sentidos— y libre de todas las etiquetas y las mentiras en las que estuve envuelta por tanto tiempo. Esos momentos son los que me dan un propósito.

Deja de mirar tus objetivos; comienza a fijar tus objetivos

Durante estos últimos años trabajando en internet, me he dado cuenta de que, hoy en día, las personas parecen pasar más tiempo comentando publicaciones en las redes sociales que reflejan sus objetivos ideales que el que dedican a ponerse metas para llegar a donde quieren ir. Quizá necesitamos una estrategia para fijar objetivos que sean realmente eficaces en la vida cotidiana.

Antes de entrar en ese tema, creo que es importante mencionar esto: mi objetivo no es, simplemente, tener una vida feliz. Mi objetivo es vivir una vida significativa. Ese tipo de vida implica que debo atravesar etapas en las que no me sentiré tan feliz. Por supuesto que quiero experimentar la felicidad y el éxito, pero no quiero enfocarme demasiado en un ideal imaginario. Ante todo, quiero ser intencional.

No sé tú, pero yo me niego a vivir mi vida con base en determinadas condiciones o resultados específicos (y espero que tú también lo hagas). Desafortunadamente, demasiadas jóvenes creen que hasta que no consigan un trabajo en particular o hagan ciertas cosas, no podrán alcanzar su propósito.

¿Sabes qué significa vivir con esa mentalidad? Vivir una vida motivada por la presión en lugar de una vida motivada por el propósito. Si vives de esa manera, serás menos exitosa que si jamás hubieras conseguido aquel trabajo o aquel hombre o aquello de lo que consideres que dependen tus sueños. Hermana, redefine lo que piensas que es el éxito.

¿Qué tal si dejas de verlo como si fuera la lotería que debes ganar y, en cambio, lo miras como pequeñas victorias que ocurren cuando te concentras en ser la persona que Dios quiere que seas? En lugar de definir el éxito como algo basado únicamente en tu futuro, tu profesión o tus logros, piensa en cómo podrías alcanzar el éxito todos los días si simplificaras la manera en que lo defines.

Si crearas factores de microéxito u objetivos diarios factibles, estarías equipada para alcanzar el éxito todos los días (y creo que esto sería una motivación para continuar mejorando y creciendo). Por ejemplo, los factores de microéxito para mí incluyen los siguientes objetivos diarios:

- A las 6:00 p. m., dejaré el teléfono celular y pasaré tiempo de calidad con mi marido.
- Moveré el cuerpo durante treinta minutos.
- Hablaré con Dios.
- Escribiré mil palabras.

¿Qué tal si simplificamos la manera en que pensamos acerca del éxito para que no sintamos cada día como un juego de espera, sino como un día intencionado en el camino hacia la vida para la cual fuimos creadas?

Mi desafío para ti es que apartes la mirada de los símbolos de éxito y posición social que hay en internet y que pienses acerca de qué es el éxito en tu vida personal. Defínelo tanto en el ámbito macro como en el micro.

Primero, comienza desde lo más grande. ¿Qué ha puesto Dios en tu corazón para que lo hagas de manera grandiosa? ¿Qué te pone en marcha? ¿Qué sueño o idea te parece totalmente loca, en el mejor de los sentidos? Anota esas ideas y objetivos grandes.

Luego, encárgate de lo más pequeño. Concéntrate en las maneras en que puedes alcanzar el éxito día tras día. ¿Cuáles son los factores de microéxito o los objetivos diarios que harían de cada día un logro y te impulsarían hacia los objetivos más grandes? Además de anotar lo más grande, anota tus factores de microéxito y pégalos en tu espejo o ponlos como fondo de pantalla en tu celular.

La fe y la perseverancia en estas disciplinas simples pueden ser clave para que los objetivos grandes den frutos. Estos factores de microéxito no solo te ayudarán a vivir una vida más intencionada cada día, sino que también te servirán como un plan de acción para ir desde el punto A hacia el punto B en los sueños grandes. No se puede lograr una de ellas sin la otra.

Los factores de microéxito y las disciplinas diarias son importantes porque tienen sentido. Si puedes irte a dormir cada noche y ver el día transcurrido como un éxito, te sentirás menos estancada en la presión por demostrar quién eres y más capaz de progresar hacia aquello para lo cual fuiste creada.

CAPÍTULO 12

Suéltalo, *muchacha*

Quiero que hagas un inventario realmente honesto de tu vida por un momento. ¿Es posible que te estés aferrando a hábitos nocivos o comodidades, aunque sea un poquito? Sé que yo sí. Esto se tornó muy obvio para mí hace poco cuando, sentadas en el piso con las piernas cruzadas, una amiga y yo intercambiábamos historias y nos poníamos al día mientras comíamos unas galletas con queso.

En un momento, se sinceró y me contó que había sido adicta al Adderall, una droga diseñada para el tratamiento del trastorno de déficit de atención. Me explicó cómo se sentía cuando la consumía: productiva, segura y llena de energía. Pero ¿qué pasaba cuando desaparecía el efecto y se desplomaba? Se sentía floja, vacía e irritable. Deseaba una vida llena de pasión verdadera y propósito, pero sentía que, en su esencia pura, no era nada sin la medicación.

—Usé tanto la medicación que casi había reemplazado mi necesidad de Dios —contó ella, exhibiendo así las cicatrices de su alma—. No es de extrañar que no me sintiera cerca de Él. Dependía de lo que pensaba que me daba la vida y no del Autor de mi vida.

Bueno, rayos, amiga. Eso sí que es profundo.

Comencé a preguntarme si yo también dependía de otras cosas distintas al Autor de la vida.

Ella continuó:

—Me llenaba con una sensación temporal de confianza y control hasta que, finalmente, ya no era suficiente. Sabía que algo debía cambiar porque la verdad era que no necesitaba el medicamento. Un día, decidí tirar todas las pastillas, pero guardar la receta, en caso de que llegara a quererlas de nuevo. Pero cuando sostenía el recipiente sobre el cesto de la basura, me di cuenta de que si realmente quería dejarlo en el pasado, si realmente quería cambiar, debía soltar el ciento por ciento, no el 99 por ciento.

Esta hermana le hablaba a mi alma.

No podemos ser 99 por ciento libres y reclamar esa libertad. No podemos atravesar la puerta de nuestro destino si nos seguimos aferrando a las comodidades o a aquello que usamos para compensar nuestra falta de seguridad.

Esto me recuerda el dicho: "Los viejos caminos no abrirán puertas nuevas". En otras palabras, si no dejamos atrás los hábitos nocivos, el crecimiento que esperamos experimentar jamás vendrá.

Así como aprendió mi amiga, la vida con propósito comienza cuando soltamos las comodidades que nos mantienen cautivas para que Dios pueda trabajar en nosotras. Ella tuvo que renunciar a su dependencia a la medicación para poder experimentar pasión y seguridad reales y puras.

Esta etapa de transición trajo aparejada su transformación y desarrolló en ella una fuerza interior real. La transformación significa un cambio desde dentro hacia afuera: experimentar el cambio en la base de nuestro ser, lo cual cambiará nuestro comportamiento y nuestras circunstancias.

¿Quieres saber qué significa esto? Significa que debemos *experimentar un cambio* interior para poder *ser el cambio* en el mundo. Y eso, a menudo, comienza con una decisión difícil, la decisión de realizar un cambio en aquello a lo que nos aferramos para obtener valentía, comodidad o seguridad. Comienza cuando hacemos el trabajo duro necesario para soltar aquello que nos tiene cautivas. Y no casi todo, sino todo.

¿Cuál es el meollo de la cuestión? Que tú y yo podremos atravesar las barreras que nos frenan únicamente si nos alejamos de todas las cosas nocivas a las que nos estamos aferrando. La puerta hacia nuestro destino se atora cuando nos negamos a soltar aquel uno por ciento al que seguimos agarradas.

Sé honesta contigo misma

Seré honesta. La primera vez que pensé acerca de aquello a lo que podría estar aferrándome en lo personal, no se me ocurrió nada. Entonces pensé que no tenía nada para contarte.

Después, hace un par de meses, mi marido y yo decidimos que queríamos buscar consejería matrimonial. No era porque nuestro matrimonio se venía abajo, sino porque ambos nos dimos cuenta de que sería una disciplina sana para fortalecer nuestro matrimonio.

Matt describe la consejería matrimonial como un mantenimiento preventivo y la compara con el cambio de aceite del auto. Uno no cambia el aceite después de que el auto se descompone. Lo hacemos para evitar que el auto se estropee, lo hacemos para poder llegar a donde queremos ir, ¿o no?

Si así cuidamos de nuestros autos, ¿por qué no cuidamos de nosotros mismos, nuestros matrimonios y nuestra salud de la misma manera? En otras palabras, esta mentalidad se puede aplicar a la consejería en general, no únicamente a la consejería matrimonial.

Esta disciplina resultó increíblemente útil durante los primeros años de nuestro matrimonio. En la primera sesión, descubrí que tenía expectativas insatisfechas a las que me estaba aferrando y ni siquiera sabía que existían. Resulta que Matt también tenía expectativas insatisfechas a las que se había aferrado. Lo hablamos, oramos y confesamos todo aquello a lo que nos habíamos aferrado inconscientemente. Fue muy sanador.

¿Sabías que cuando te aferras a algo como las expectativas insatisfechas te estás preparando para ser una amargada, aun cuando esa no sea tu intención? Una vez que identifiqué estas expectativas, pude soltarlas por primera vez. Me sentí más ligera inmediatamente. Descubrí que era más paciente y comprensiva. Identificar las expectativas insatisfechas y soltarlas fue decisivo, y creo que mejoró muchísimo nuestro matrimonio.

Hermana, no importa a qué te estás aferrando —si es algo que no es muy obvio, como las expectativas insatisfechas, o algo increíblemente complicado, como una adicción—, la consejería puede ser muy útil. Por desgracia, muchas personas la evitan porque piensan que tienen que estar desmoronándose o haber tocado fondo para necesitarla.

Si estás luchando con la idea de buscar consejería, mi recomendación es esta: cambia tu mentalidad. No tengas miedo de tomar una decisión incómoda para poder experimentar un cambio positivo.

Algo debe morir

Sé que este subtítulo suena terriblemente morboso. Déjame explicarte. Mientras escribo estas palabras puedo ver, a través de mi ventana, cómo el verano se convierte en otoño. Es esa estación maravillosa y muy esperada durante la cual los campos de soja pasan de ser verdes a ser dorados castaños, el aire cálido se vuelve fresco, las personas se juntan alrededor de fogatas y juegan futbol durante los fines de semana, y todos los campos de autoservicio de manzanos en Indiana se llenan de familiares y amigos. Si nunca viviste un otoño en Indiana, puedo asegurarte que te estás perdiendo algo asombroso. (Sé que unos capítulos atrás dije que el miedo a perderte algo no es real, pero esta es la excepción).

Bueno, me preparé una taza de té y ya me acurruqué de nuevo en la silla de cachemir de mi oficina. Hay una vela con aroma a pastel de manzanas encendida en la cocina, lo que crea un ambiente agradable. Las hojas que están del otro lado del gran ventanal de mi oficina han comenzado a tomar preciosos tonos de amarillo, rojo y naranja. Los días como este me hacen recordar mi infancia, cuando iba a una granja de manzanas junto con mi abuela y mi abuelo y me acurrucaba con mi abuela mientras recorríamos los maizales sobre un tractor y disfrutábamos viendo las hojas coloridas de los árboles cercanos iluminadas por el sol.

Mientras miro las hojas caer al suelo de manera esporádica, veo algo que nunca antes había notado. Durante varios meses, las hojas fueron de color verde brillante, estaban llenas de vida y daban sombra a las aceras y el patio trasero. Uno puede pensar que estas deberían encontrar su llamado cuando estaban en su mejor momento: brillantes, brillosas y vivas.

Luego, en el momento correcto, comienzan a cambiar de color. Son hermosas, pero cuando flamean con el viento mientras flotan hacia el suelo, cuando crean un paisaje a lo largo del límite arbóreo mientras danzan en la brisa, están muertas.

Quizá la transformación es difícil porque, aunque es un proceso hermoso y necesario, algo debe morir primero para que suceda.

La buena noticia es que con la primavera llegan hojas nuevas. Después de un inverno largo y frío, la vida nueva brota en cada rama. El ciclo de florecer, marchitarse y luego florecer de nuevo forma parte del diseño de los árboles. Ese proceso —soltar y tener resiliencia— también forma parte de nosotras.

Debemos soltar algo: nuestro orgullo, una vieja costumbre, una comodidad o algo a lo que nos aferramos con demasiada fuerza. Es una parte difícil, a menudo incómoda, y a veces dolorosa que debemos vivir para poder encontrar el poder, el propósito y la libertad para los cuales fuimos creadas.

En lo personal, no soy fanática de las temporadas que me obligan a tomar una decisión difícil o a soltar mis comodidades preferidas. Supongo que no me llevo bien con los cambios. Quizá heredé la resistencia al cambio de mi papá, el hombre que ha dormido durante toda su vida adulta con la misma almohada que tenía en la universidad, a la cual nombró Grumosita.

Grumosita, la almohada. Lo sé. Suena ridículo. ¿Quién podría aferrarse a algo tan viejo? Quizá alguien que es reticente a soltar lo familiar, alguien que preferiría evitar el cambio. Para nosotros, Grumosita puede parecer repugnante, pero a mi papá le brinda comodidad y regularidad.

A todos nos gusta la comodidad, la regularidad y el control, ¿o no?

Quizá no tengas una almohada vieja y grumosa, pero seguramente estás aferrándote a otras cosas viejas y grumosas en tu vida, cosas que pueden prometer vida y darte comodidad, pero que, al final de cuentas, no podrán dártelas y, probablemente, no te permitan realizar aquello para lo cual fuiste creada.

Volvamos a las hojas.

Imagina si las hojas nunca se soltaran. Nunca podríamos maravillarnos con las tonalidades brillantes del otoño o saltar sobre las pilas de hojas amontonadas, algo que nos recuerda la magia de nuestra infancia.

Pero las hojas no se aferran al árbol. No se niegan al cambio. Se entregan al diseño y se someten al proceso: el propósito que está escrito en ellas desde el inicio de los tiempos. El árbol no florece hasta que desaparecen las partes muertas para que la vida nueva pueda nacer y únicamente puede albergar el nuevo crecimiento cuando sus raíces están sanas.

Esto también es cierto para ti y para mí. Podemos ser reticentes en las temporadas difíciles y volver atrás cuando soltamos una comodidad, pero debemos tener raíces sanas debajo de lo superficial. Cuando nuestros corazones están sanos, podemos tomar la difícil decisión de cortar con lo que debemos soltar para poder experimentar un cambio real y duradero, y lo podemos hacer sin temor. Únicamente florecemos cuando soltamos el control de las cosas inertes a las que nos hemos aferrado, todo aquello que nos absorbe la vida, que arruina la salud de nuestro corazón y no nos permiten vivir de la manera en que deberíamos vivir.

¿A qué cosas inertes estás aferrándote? ¿Qué debes soltar? ¿Un hábito nocivo? ¿Un antiguo amor al que regresas una y otra vez, incluso en contra de tu buen juicio? ¿Un rencor? ¿Otra cosa?

Hermana, esto puede ser un proceso. Las hojas no cambian de color, se sueltan de las ramas y germinan de nuevo el mismo día. Y nosotras tampoco. Sé que algunos temas muy arraigados, como la adicción, el trastorno por estrés postraumático, la autolesión y otras batallas relacionadas con la salud mental, no desaparecen de la noche a la mañana. Si estás luchando con alguna de estas condiciones, busca la ayuda profesional que necesites.

Esto no significa que seas débil. Abordar el problema con el que estás luchando requiere fortaleza y propósito. No importa a qué te estés enfrentando o cuánto tardes en librarte de eso por completo, no te rindas. Debemos tomar medidas para soltar aquello que envenena nuestro fruto y ahoga nuestro crecimiento si deseamos florecer de la manera para la que fuimos creadas.

Estoy contigo en esto, amiga. Que hoy sea el día en que decidas cambiar.

CAPÍTULO 13

Deja de *ser* un obstáculo para ti misma

Sé que hablé mucho acerca de la presión en estas páginas, pero quiero hacer una pausa aquí y profundizar un poco más en este tema por un momento. Quiero hablar de esto porque veo que muchas chicas viven con la presión continua de encontrar al hombre de sus sueños o de conseguir el trabajo perfecto o de crear una empresa increíble, y me identifico con ellas. Ah, y todo debe suceder tan pronto como sea posible, ¿no es así?

A menudo me encuentro con que sucede algo así:

1. La mujer consigue ese trabajo, baila de alegría, guarda sus pertenencias en el auto y maneja por todo el país mientras canta las canciones de Taylor Swift, convencida de que ha alcanzado el éxito. Luego

comienza a trabajar, pero en unos meses se da cuenta de que no resultó ser todo lo que ella esperaba. O la empresa que tanto quería abrir le roba todo el tiempo y le genera demasiado estrés. O el hombre que ella pensaba que era perfecto termina siendo el incorrecto. *Qué decepción.*

2. Está tan preocupada por lograr todo en el primer intento que se pierde lo que en realidad es bueno. Espera que ese primer trabajo aparezca cuando apenas termina la universidad, que su primer intento de abrir una empresa sea un éxito o que el próximo hombre con el que haga una cita sea todo lo que ella soñaba. Termina tan paralizada por el perfeccionismo y las expectativas irreales que no se postula para el trabajo ni le da una oportunidad al hombre. O cree que no está capacitada para intentar algo nuevo y se queda de brazos cruzados. O, aún peor, no se perdona a sí misma cuando no da en el blanco en el primer intento.

¿Te suena familiar?

Hermana, déjame decirte algo (que aprendí gracias a mi experiencia personal): no siempre alcanzarás tus metas en el primer intento, en el segundo o, quizá, ni siquiera en el tercer intento.

La vida posee etapas. No es necesario tener todo resuelto, conseguir el trabajo soñado o descubrir qué harás por el resto de tu vida o en esta década de tu vida.

Jamás podrás crecer o aprender las lecciones que cada paso del camino debe enseñarte si te enfocas únicamente en que ese paso podría ser una pérdida de tiempo. Nunca asumirás riesgos ni saludarás a un desconocido si siempre tienes miedo de que haya algo o alguien mejor que tú. ¡Santo cielo, ponle un freno a esta locura!

No pienses que librarse de la presión es un pase libre para abandonar la motivación o la intencionalidad. Pero, por favor, por el bien de tu sano juicio, libérate de la presión por dar en el blanco en el primer intento. Cada paso te moldea, te forma y te hace crecer. De todas maneras, de eso se trata la vida, ¿no? ¿No es ese el blanco al que apuntamos?

Estrategias para librarnos de la presión

Como mencioné en la introducción, cuando comienzo a sentir la presión por demostrar quién soy, debo analizarme a profundidad. En realidad, necesito considerar de dónde proviene esa presión. Honestamente, casi siempre proviene de mi interior. Esto no quiere decir que las presiones externas no existan, sino que la decisión de internalizar esas presiones y obrar en respuesta a ellas depende de mí.

Con eso en mente, debo asumir la responsabilidad y encargarme de la presión que siento si quiero vivir con propósito. Hasta este punto, hemos hablado mucho acerca de los problemas que puede generar vivir bajo presión. Sin embargo, no quiero dejarte sin antes explicar las estrategias que me han ayudado a enfrentar la presión:

1. Elimina las influencias que ejercen mucha presión o aléjate de ellas.
2. Deja de evitar la incomodidad y las oportunidades de todos los días.
3. Cambia de perspectiva.

Profundicemos juntos en cada una de estas estrategias.

1. Elimina las influencias que ejercen mucha presión o aléjate de ellas

Solía seguir a ciertas personas en internet que pensaba que me motivaban. En cierta medida, lo hacían. Sin embargo, comencé a darme cuenta de que al seguirlas y escuchar el mensaje constante de que debía ser más, hacer más e intentarlo más, la *motivación* se transformaba en *presión*: la presión por estar a la altura de las circunstancias y ser tan exitosa o capaz o interesante como ellas.

Eso es súper agotador y, honestamente, no es nada sano.

Si sientes presión por demostrar que eres una buena esposa o una buena cristiana o una estudiante exitosa o una mujer profesional —únicamente por demostrar que lo eres—, por favor, haz algo por mí: *piensa acerca de lo que permites que entre a tu mente.* ¿Con qué mensajes llenas tu vida? ¿En qué inviertes tu tiempo y en qué lo gastas?

¿A quién escuchas? ¿Es vivificante e intencionado? ¿O es agotador y extenuante?

Una cosa es estar equipadas e inspiradas para crecer, fijar objetivos y hacer cambios positivos. Pero estar agotada por intentar estar a la altura de lo que dicta la cultura o las expectativas de los demás acerca de lo que deberías ser o hacer es algo muy diferente.

Entonces, si las personas a las que sigues en internet te hacen sentir presionada, no las culpes a ellas. Cúlpate a ti misma por continuar siguiéndolas aun cuando transforman tu vida en una carrera por mantenerte al día. ¿Cuál es la solución? Simplemente deja de seguirlas. Elimina esas influencias, aunque sea por un tiempo, hasta que puedas enfocarte nuevamente en el motivo por el que haces algo, en lugar de concentrarte en la presión por mantenerte al día con todo lo que están haciendo los demás.

O si alguien en tu vida te presiona para que hagas algo que no deseas o te hace sentir incompetente, a menos que hagas algo específico o alcances determinados resultados, debes alejarte de esa relación o buscar un mejor equilibro. Por ejemplo, si esa voz es un pariente (como uno de tus padres), no sugiero que elimines a esa persona de tu vida pues, seguramente, desea lo mejor para ti. Sin embargo, si sientes una voz que te presiona demasiado o pareciera ser la más fuerte, busca voces más alentadoras y positivas para equilibrarla.

Controlar las voces que escuchas es tu responsabilidad.

2. Deja de evitar la incomodidad y las oportunidades de todos los días

He observado que, con frecuencia, cuando me obligo a acercarme más a las personas, siento menos presión por demostrarles quién soy. La cercanía es una manera hermosa de eliminar esa necesidad de demostrar quiénes somos.

Cierta vez, aprendí esta lección de una manera gráfica y personal. Era una tarde fría, estaba sentada en el banco de la parada de autobuses en la ciudad universitaria cuando noté que una joven que estaba sentada en ese mismo banco parecía triste y sola. Siempre es incómodo cuando estás sola con alguien en un espacio pequeño, ya sea en una parada de autobuses, en un ascensor o en un pasillo angosto, ¿verdad?

Pasaron cinco minutos y ninguna había dicho una sola palabra. (¿Cómo hacemos para coexistir con otras personas y pretender que no están allí?). El autobús probablemente se había retrasado, ya que pasamos varios minutos más en silencio.

Finalmente, no pude soportar más la situación y hablé. Me presenté y ella me dijo su nombre —su nombre estadounidense, en cualquier caso—. En un inglés muy pobre, Nancy me contó que llevaba dos años en los Estados Unidos y estaba trabajando en su doctorado.

Como me causó intriga, le pedí que me contara acerca de su experiencia. Ella era tímida, pero yo seguía haciéndole preguntas y, en un momento, susurró:

—Paso mucho tiempo sola.

Me detuve.

—Espera. ¿No has hecho *ningún* amigo aquí? —le pregunté, únicamente para verificar lo que acababa de decir.

—No, realmente no. Solo mi compañera de habitación. Nadie me habla.

¿Cómo es posible? ¿Había estado en los Estados Unidos durante dos años y nadie se había acercado a ella?

Le pedí su número de teléfono y le pregunté si le gustaría ir a almorzar algún día conmigo.

Ella abrió los ojos bien grandes y apenas pudo decir:

—¿Tú? ¿Conmigo? ¿Quieres ir a almorzar conmigo?

—¡Sí! ¡Por supuesto!

Durante los siguientes meses, pasé muchas tardes visitando a Nancy, aprendiendo acerca de su cultura, escuchando historias de su infancia y oyendo cada uno de los sueños que guardaba en su corazón, la mayoría de los cuales no estaban relacionados con su doctorado.

Me encantó. Era vivificante. Era emocionante. Ansiaba que llegara nuestro tiempo juntas. Compartimos comidas y practicamos vocabulario en inglés para poder comunicarnos mejor. Le enseñé acerca de la historia y las tradiciones de los Estados Unidos. Disfrutamos muchas conversaciones con té caliente de por medio. Me di cuenta de que había guardado sus historias por años mientras esperaba a alguien dispuesto a escucharlas.

Encontré mucho propósito y gozo en esas horas poco comunes con ella.

Un día, en una pequeña pastelería de una esquina, un pensamiento pasó por mi mente: *¿Y si el propósito que cambia el mundo fuera profundamente simple? ¿Y si el ingrediente secreto para el propósito fuera, simplemente, prestar atención y servir a las personas, estar presentes y escuchar? ¿Y si la amistad es lo que necesitamos para derribar las barreras y abrir las puertas que nos llevarán a aquello para lo cual fuimos creadas?*

A medida que conocía más a Nancy, podía ver más de mí en ella, a pesar de que tuvimos crianzas distintas. Todos queremos que nos vean. Deseamos ser amados. ¿No es esa la razón por la que queremos encontrar nuestro propósito? ¿No es por eso que anhelamos sentido, significado y afirmación?

La dura realidad, sin embargo, es que no siempre nos verán. Nos sentamos en el banco de la parada del autobús, noche tras noche, y torpemente ignoramos la oportunidad de entrar en nuestro propósito porque esperamos que el otro hable primero. Me temo que tenemos tanto miedo de sentirnos incómodas que evitamos abrir la puerta hacia la oportunidad y salir de nuestras zonas de confort.

Desde entonces, los caminos de Nancy y los míos han tomado distintas direcciones. Pero aquellos meses que pasamos juntas mientras nos conocíamos me enseñaron algo increíble acerca de la vida y del propósito: se trata de estar dispuestas a sentirnos incómodas, a salir de nuestros caminos, a tratar de entender la perspectiva de los demás y encontrar nuestros puntos comunes y a hacer lugar para ellos.

Esto es algo maravilloso. No se necesitan grandes actos ni libretas de calificaciones perfectas. Simplemente necesitamos corazones dispuestos y puertas abiertas. Sin embargo, nos apresuramos a construir nuestra vida y nuestro currículum e, inevitablemente, nuestros muros. Entonces, quizá nuestro desafío sea construir al revés. Cuando aprendamos a derribar los muros y a abrir las puertas, a hacer lugar para los desconocidos y los forasteros, las conexiones que construyamos harán caer las barreras que nos están frenando sin que lo sepamos.

Hace un tiempo, leí una frase de la escritora Claire Gibson que me impactó:

¿Será que los desconocidos no existen? ¿Será que las fronteras que dibujamos son invisibles? ¿Será que las líneas del lenguaje y el color y las diferencias de la piel son pasajeros? [...] Me llama la atención que me resulte tan difícil dar la bienvenida a los desconocidos "cercanos" que forman parte de mi vida de manera regular. La cuñada que no logra adaptarse. La madre que no está a la altura de mis necesidades o expectativas. A veces es más difícil cruzar las fronteras emocionales que los océanos.[12]

¿Sabes qué me dice eso? Que reemplazamos la presión por el propósito cuando hacemos lugar para aquellos que son completamente diferentes a nosotras. Las personas que no piensan como nosotras, que no hablan como nosotras ni se parecen a nosotras. Eso es lo que Jesús hacía, ¿o no?

¿Qué tal si hacemos lo mismo? El propósito no se trata de soportar la presión, sino de acercarse. Cuando estamos dispuestas a experimentar un poco de incomodidad, pueden surgir cosas asombrosas. ¡Inténtalo!

3. Cambia de perspectiva

Hace poco, un amigo me preguntó: "¿Qué estás haciendo *hoy* para traer el cielo a la tierra?".

Guau. Eso simplifica las cosas, ¿no es así? No necesitamos un montón de dinero o un currículum impresionante para lograrlo. Solo necesitamos corazones dispuestos, quizá no para hacer del mundo un lugar mejor, pero sí contribuir para que al menos el mundo de una persona sea un lugar mejor.

Comenzamos a vivir una vida con propósito cuando nos ponemos en pie y empezamos desde abajo. Como ya dije, debemos estar dispuestas a confiar en Dios y a acercarnos a las personas, no a alejarnos de ellas. El verdadero propósito se trata más de ver que de ser vista. Se trata más de servir que de ser servida.

En realidad, es muy simple. Cuando damos la cara y hacemos lo que pensamos que no podemos hacer y nos acercamos a aquellos a quienes no comprendemos, todo cambia. Una forma de involucrarnos puede ser el voluntariado, también podemos intentar algo nuevo, compartir una comida con un amigo, llamar y ofrecer disculpas cuando preferirías evitarlo, invitar a alguien que normalmente no invitarías o donar más de lo que crees que puedes donar.

Entonces, la pregunta que deberíamos hacer no es *¿Cuál es mi propósito?*, sino *¿Cómo puedo traer el cielo a la tierra hoy desde este lugar?*

No tiene por qué ser tan complicado. Las mujeres rompemos con la presión de demostrar quiénes somos cuando nos abrimos y, simplemente, amamos a las personas. Traemos el cielo a la tierra cuando decidimos amar el desorden de los demás en lugar de revolcarnos en nuestro desorden. Sí, una muchacha motivada por su propósito debe cuidarse e ir tras sus sueños, pero no debe detenerse allí. Debe invitar a los marginados y a las personas complicadas, incluso antes de hacer realidad sus sueños.

¿Ves que puede ser mucho más simple? Una vida libre de presiones solo es posible cuando elegimos hacernos presentes hoy mismo y no después de engañarnos pensando que tenemos la vida resuelta. Cuando nos libramos de nuestras expectativas y, en cambio, abrimos los ojos para ver lo que está delante de nuestras narices, hacemos lugar para los que nos rodean y superamos la incomodidad, la presión desaparece y el propósito entra en escena.

Si solo recuerdas una cosa de este capítulo, que sea esto: cuanto más te esfuerces en servir a los demás y en construir relaciones significativas, menos será la presión por demostrarles quién eres a las personas cuyas opiniones, a fin de cuentas, no son importantes.

CAPÍTULO 14

Deja de esperar y *comienza* a vivir

Cierta vez, una persona me preguntó por internet: "¿Cómo me las arreglo cuando siento que estoy en una temporada de espera perpetua?".

Me dio justo en el corazón. Conozco muy bien esa sensación.

Por mucho tiempo, sentí que mi vida se trataba acerca de llegar a un destino soñado que siempre estaba delante.

¿La pubertad? No, gracias. ¿Puedo salir del otro lado, ya desarrollada como una hermosa mariposa? ¿Separaciones? ¿Salud? ¿Decisiones difíciles? SOS. ¿Dónde está el botón para hacer todo esto más fácil?

Cuando estaba en el bachillerato, solo quería ir a la universidad. Por supuesto, después de haber ido unos años a la universidad, lo único que quería era el título en las manos, lanzar mi birrete al aire e instalarme en un trabajo cómodo. Cuando Matt y yo decidimos casarnos, estuvimos comprometimos por catorce meses; esos últimos meses previos a nuestra boda fueron interminables. ¡Simplemente quería estar casada, y ya!

Podría darte mil cuatro ejemplos, pero estoy segura de que entiendes a qué me refiero.

Quizá también sientes que te encuentras en una temporada de espera perpetua. Tal vez has estado esperando encontrar, finalmente, al "indicado", descubrir si te han aceptado en la universidad, si has quedado embarazada o ganar tanto dinero como para nunca más tener que preocuparte por tu situación económica.

No sé qué es lo que estás esperando, pero sí sé que si estás enfocada en aquello que esperas, es probable que te estés perdiendo la oportunidad de vivir tu vida al máximo aquí y ahora.

¿Por qué te quedas con los brazos cruzados mientras esperas que un día, mágicamente, todo caiga en su lugar? ¿Por qué supeditamos nuestro propósito en la vida a determinados logros, metas, resultados u oportunidades?

Estoy hablando en serio.

Sé honesta contigo misma: ¿Qué piensas de las temporadas de tu vida sin descifrar? Si piensas en el hoy como un día en el que debes *sobrevivir* y no como un día que debes *vivir*, o si siempre piensas en tu futuro como algo que debes desentrañar, estarás increíblemente insatisfecha con tu vida. No solo eso, sino que estarás mil por ciento fuera de tu propósito.

Deja de intentar adelantar la vida

Unas semanas atrás, mi marido y yo comenzamos a mirar uno de esos programas de televisión en los que remodelan casas. Lo curioso fue que me enseñó algo que no esperaba aprender de un programa de televisión.

En un episodio, el equipo de remodelación tuvo que derribar casi la mitad de la casa en la que estaba trabajando. Dejaron únicamente la infraestructura para poder llevar a cabo las reparaciones y las renovaciones planeadas. Me senté en el sofá y miré atentamente al equipo de demolición tomar los mazos y golpear los viejos muros, y quitar la pintura descascarada de las paredes exteriores con espátulas. También arrancaron las tablas de madera del piso, una a la vez. Al terminar la demolición, habría sido una locura llamar casa a lo que quedaba allí.

No podía esperar para ver el producto terminado. Mi parte preferida en este tipo de programas es ver la comparación entre las fotos del "antes" y el "después", pero a veces se me agota la paciencia en el ínterin. Cuando hay aserrín en el aire, las paredes están derribadas o el techo ha colapsado, puede ser difícil imaginar que algo mucho mejor surgirá de ese desastre. A veces me gustaría pasar directo a las fotos del "después" en lugar de esperar sentada durante el proceso, no solo cuando miro programas de remodelación de casas, sino también en la vida.

Cuando estamos en temporadas difíciles o largas, podemos sentir la tentación de desear que estas queden en el pasado y pasar a lo que viene a continuación. Quizá eso se debe a que nos hemos acostumbrado demasiado a obtener las respuestas al instante. Hace muchísimo tiempo que no tenemos que quedarnos con la duda cuando alguien hace una pregunta en la cena, incluso cuando la pregunta es tan ridícula como: "¿Quién descubrió que las vacas se podían ordeñar?". (Como podrás notar, las conversaciones con mis amigos son muy interesantes). ¡Pero es cierto! Podemos conseguir las respuestas en cuestión de segundos mediante una búsqueda inmediata en nuestros teléfonos inteligentes. Podemos hacer una reserva para ir a cenar en un instante, simplemente tocando un botón, y podemos recibir lo que pedimos en línea en cuestión de horas, gracias a Amazon Prime.

Pero ¿qué sucede cuando la cruda realidad de la vida no nos permite darnos ese lujo? ¿Cuando no llegamos al destino soñado, no obtenemos la respuesta ideal o descubrimos el motivo por el que algo no ocurrió tan rápido como nos habría gustado?

Cuando sucede algo increíblemente triste o nos enfrentamos al rechazo o a la desilusión, puede ser difícil creer que de esos escombros pueda surgir algo mejor y más bello. Pero si apartamos la mirada de nuestro máximo propósito y olvidamos por qué empezamos con eso, nos arriesgamos a identificarnos más con el desastre que con el mensaje que este nos está enseñando.

¿Cuál es el problema? Que, con frecuencia, convertimos las temporadas largas, difíciles y llenas de cambios incómodos en algo que debemos soportar en lugar de algo para disfrutar gracias a lo que podemos aprender. Algo que deseamos que desaparezca en vez de algo para celebrar. Nos adelantamos a la siguiente temporada con ímpetu. Cuando no llega tan rápido como deseamos, nos obsesionamos con las expectativas insatisfechas y no con la invitación sagrada a ver el propósito *incluso en eso* —sí, incluso en la espera, en el quebrantamiento y en el camino largo e incómodo para convertirnos en la persona que Dios nos llamó a ser—. No vemos a quién podemos acercarnos, cómo podemos amar ni aquello que podemos soltar *aquí mismo*, y, en su lugar, enfocarnos en llegar a *otro lugar*.

Quizá estás desesperada por adelantar las temporadas difíciles, evitar la incomodidad que viene aparejada con los cambios y llegar a la "parte buena" de una vez por todas. Lo entiendo. Yo también pasé por eso. Pero déjame decirte: estas *son* las buenas experiencias. El hecho de que no hayas llegado al destino que deseas no implica que no puedas vivir conforme a tu destino aquí, a lo largo del camino divino.

Para lograr algo valioso, necesitamos atravesar el proceso, no evitarlo. Piensa en el programa de renovación de casas. Aunque la demolición fue un desastre y la casa parecía irremediablemente destrozada, aun así el equipo terminó el proyecto. En ningún momento tiraron los martillos, miraron hacia las pilas de escombros y dijeron: "¡Oh, no! ¿Qué hicimos? ¡Estamos perdidos!".

Hicieron precisamente lo contrario. El equipo de demolición estaba entusiasmado y, entre ellos, se chocaban los cinco después de un día de trabajo duro. Sabían lo que iba a suceder y estaban preparados para eso, y celebraron el progreso. Incluso cuando parecía que estaban retrocediendo, ellos sabían que, en realidad, ese era un paso hacia delante. Aun cuando descubrieron problemas en los cimientos y otros desafíos, los resolvieron y siguieron firmes. Continuaron presentándose a diario, listos para trabajar y, con el tiempo, completaron el proyecto (y yo pude disfrutar de mis adoradas fotos del "después").

Piénsalo: ¿qué les dio energía para terminar el proyecto? ¿Por qué pudieron seguir adelante incluso después de haber descubierto los problemas? Estaban impulsados por el propósito, motivados por el proyecto que se habían propuesto completar, y los problemas que encontraron en el camino no los frenaron ni acabaron con ellos.

Cuando miro mi vida a través de este lente, aprendo algo poderoso. Cuando lo que me impulsa es mi propósito, puedo perseverar y valorar la demolición porque sé que es una parte pequeña de una historia mucho más grande. Pero cuando estoy enfocada en mis problemas, reacciono desde el temor y la ansiedad, e intento evitar más desafíos, corro el riesgo de quedar atrapada dentro de mi cabeza.

Te lo diré de una vez: tú y yo no podemos darnos el gusto de permitir que las circunstancias temporales dicten nuestro propósito eterno. Debemos permitir que el propósito eterno impulse nuestras circunstancias temporales. Nuestro propósito debe infundir vida en cada situación si deseamos sentirnos felices, seguras y capaces de conseguir logros importantes.

Debo mantener mi propósito en mente y confiar en que Dios sabe lo que está haciendo cuando trabaja en mí, incluso cuando atravieso etapas indeseables. Cada vez que me siento abrumada por las desilusiones y las demás demoliciones de mi vida, debo cambiar el enfoque y recordar que Dios me ha puesto aquí y me trajo a este lugar a propósito, con un propósito.

La demolición es parte de la preparación. La preparación y la perseverancia hacen posibles las fotos del "después". Y ¿sabes qué?, Dios está haciendo una obra maestra contigo, amiga. No te amedrentes si te encuentras con algún desastre en el camino.

Si te hallas en una temporada de espera, es muy fácil desear que se acabe, orar por una solución instantánea o pensar que la respuesta está en un resultado futuro.

Lamento darte esta noticia, pero no puedes usar Amazon Prime en tu vida. No puedes hacer que transcurra más rápido que lo que ya lo hace. No puedes adelantar la historia que se está escribiendo para ti ni apresurarte con el trabajo duro que quizá debas hacer hoy en día.

Simplemente, no funciona de esa manera.

Y menos mal, porque si no, todos usaríamos Amazon Prime para todo lo que no nos gusta y acabaríamos por despertarnos un día y darnos cuenta, a los ochenta años, que hemos vivido la mitad de nuestra vida acelerados.

No quiero que esa sea mi historia. Quiero vivir mi historia, incluso en los días difíciles, largos y complicados. Y santo cielo, espero y oro que tú también lo hagas, porque esos son los días que te formarán.

No encontrarás tu propósito cuando la espera aparentemente interminable acabe. Tu propósito existe y se desarrolla en el proceso. No puedes hacer que la historia transcurra con más rapidez, pero puedes decidir si darás la cara y la vivirás aun cuando pareciera que no transcurre conforme a lo planeado.

Por favor, no desperdicies tu preciosa vida porque has creído la mentira de que te encuentras en una temporada de espera perpetua y aún no has hallado tu propósito. Eso no es verdad y no es el tipo de vida que Dios ha planeado para ti.

Que este sea tu mantra

Proverbios 31:25 es uno de mis versículos favoritos. Dice que una mujer que teme al Señor se ríe sin temor al futuro. Mi abuelita Nana me enseñó cómo hacer eso de una manera muy cómica, incluso, sin la intención de hacerlo.

Cuando pienso en ella —en la manera en que me retó a enfrentar los problemas, los desafíos y las inseguridades—, no pienso en una mujer paralizada por el temor o preocupada por lo que los demás pensaban acerca de ella. Pienso en una mujer que danzaba como si hubiese sabido que su destino no tenía nada que ver con los desánimos u otras demoliciones con que se enfrentaba en la vida. Y lo sabía. Esa mujer vivió una historia difícil, desde vender productos en las calles de México cuando era niña hasta perder a su esposo debido a un paro cardíaco mientras cenaban en un restaurante en la Ciudad de México.

Era viuda y una inmigrante en los Estados Unidos con cuatro niños pequeños, era la definición de una chica que convirtió sus "no puedo" en "sí puedo".

De maneras más sencillas, también me enseñó a hacer esto.

Cada vez que debía enfrentarme a algo que no quería hacer cuando era niña, incluso algo tan simple como pedirle disculpas a mi hermano pequeño o terminar los deberes aburridos de la escuela, ella bailaba un poquito, cantaba una canción ridícula y cerraba el acto arrojándose al sofá con una sonrisa y levantando los brazos mientras gritaba "¡Tachán!". Eso siempre me hacía reír. Me daba el aliento que necesitaba para enfrentar el desafío, sin importar cuán grande o pequeño fuera este.

Nana no solo me enseñó a tomar grandes pasos de fe. También me mostró cómo danzar a través de esos grandes pasos con luz en el corazón y risa en el alma. Era como si en todos esos momentos en los que me sentía asustada e insegura, ella hubiese visto más allá del temor y las inseguridades e identificado el corazón audaz, valiente y lleno de propósito que Dios me dio. Y, con su ejemplo, me dio la valentía para vivir como una mujer con ese tipo de corazón, aquí y ahora.

El mundo nos dice: "Una vez que [consigas ese trabajo, tu herida se sane, resuelvas ese problema], podrás empezar a vivir con propósito".

Sin embargo, una chica que sabe cómo liberarse de esa mentira, arrancarse las etiquetas y patear en el trasero creencias restrictivas como esa, vive con propósito antes de tener todo resuelto o asegurado.

Quiero que puedas vivir de ese modo. Por ese motivo, escribí una declaración corta para que la leas en voz alta y conserves después de haber cerrado este libro. Puedes resaltar las partes con las que te sientas más identificada, recortarlas y ponerlas en un lugar visible. Este un regalo para ti:

Quizá no estoy en donde quiero estar, pero estoy en donde debo estar. Mis circunstancias no me definen. Seguiré adelante a pesar de la presión por demostrar quién soy porque Dios me hizo a propósito y con un propósito. Elegiré ver a las personas. Contaré mi historia aun antes de haber llegado al final feliz. Regalaré mis dones a los demás en lugar de esperar mi regalo. En vez de evitar el fracaso, me zambulliré en la diversión de la aventura. Cambiaré la cultura en lugar de permitir que la cultura me cambie a mí. Celebraré la belleza de esta temporada y los desafíos que vienen aparejados con los cambios. Aceptaré la espera y, mientras tanto, amaré a las personas con un corazón lleno de propósito intencionado.

He descubierto que cuando vivo cada día con este párrafo como mi himno motivador, dejo de asustarme por todos los sueños que todavía no he podido alcanzar. Me hace poner los pies sobre la tierra, me recuerda aquello que es verdaderamente importante y me ayuda a vivir con propósito antes de resolver todo lo demás. Quiero que tú también puedas vivir así. Que este sea tu mantra. Podemos usarlo para dejar de refugiarnos en nuestros pensamientos y abrir los brazos para todos los que nos rodean, en el lugar en donde estamos, con los recursos que contamos, incluso antes de hacer un plan perfecto.

Los sueños que aún no se han resuelto pueden ser el mejor tipo de sueños

Quiero proponer el siguiente argumento. Propongo que los sueños sin descifrar pueden ser el mejor tipo de sueños, independientemente de cuán frustrante pueda sonar eso. ¿Por qué? Porque, quizá, cuanto menos intentemos resolver el futuro, más intencionadas podremos ser en el presente.

Hasta podría afirmar que este día, hoy mismo, esta temporada de asuntos sin resolver puede ser lo mejor para ti. Creo que, incluso nuestros días más difíciles, a veces, pueden llegar a ser lo mejor para nosotras. Piensa en eso. ¿Serías la persona que eres hoy sin los momentos difíciles y las temporadas complicadas que te moldearon?

Lo dudo mucho.

Acepta estos días sin importar cómo sean. Eres una niña grande. En lugar de enfadarte por lo que no puedes controlar, aprende a implementar la disciplina y la intencionalidad en aquello que sí puedes controlar. Puedes decidir tender tu cama cada mañana. Puedes superar tu orgullo y pedir ayuda. Puedes decidir dejar de difundir chismes, alejarte del drama o ser amable con esa persona que te hace la vida imposible.

Por favor, no te obsesiones tanto con resolver tus sueños como para ignorar la oportunidad de vivir como la mujer que ves en tus sueños: la mujer que es compasiva, segura, alegre, firme en su identidad y capaz de influenciar a las personas dondequiera que va. Vive de esta manera ahora, antes de tener todo resuelto.

No te enfoques tanto en resolver o alcanzar un trabajo soñado como para privarte de la libertad de disfrutar todo lo que hay en esta temporada.

¿Recuerdas que dije que no tenía la menor idea de que escribir un libro era uno de mis sueños? No tenía la menor idea de que se convertiría en una avenida para llevar a cabo mi gran propósito.

¿Cuál es ese gran propósito? Amar a Dios y amar a las personas.

Si me mantengo arraigada a él, la presión relacionada con todo lo que hago desaparece. Puedo disfrutar de la libertad del viaje mientras intento alcanzar nuevos horizontes y ejerzo influencia sobre los demás.

Decirle que sí a salir de mi comodidad e intentar algo nuevo en una pequeña tienda, lo que dio como resultado un blog, que después se convirtió en mucho más, fue la mejor decisión que tomé en la vida. Tuve que arriesgarme un poquito y hacer a un lado el temor y las suposiciones para poder intentarlo.

Deja de tropezarte contigo misma, hermana. Es muy muy simple.

Mantén tu corazón, tu mente y tus ojos abiertos. Es imposible saber cuándo tu próximo "sí" será la mejor decisión que hayas tomado.

Aprende de tus errores

Hay algo más que me gustaría que sepas.

Cuando Nana me enseñó a dar grandes pasos, mis piernas todavía eran débiles y me tropezaba muy seguido. Me desplomaba cuando miraba hacia atrás y perdía el equilibrio y me tambaleaba cuando miraba hacia la izquierda o la derecha. Pero cuando miraba hacia delante y fijaba mis ojos en lo que estaba ahí, podía caer pero continuar moviéndome hacia delante. Perdía el punto de apoyo, pero no permanecía en el suelo por mucho tiempo. Nana siempre me ayudaba a levantarme. Y luego fijaba la mirada en el blanco de nuevo.

¿Mi tarea para ti? Que dejes de mirar a la izquierda y la derecha para intentar encontrar un propósito que no se te ha perdido. Deja de mirar hacia atrás y de creer que no has llegado lo suficientemente lejos o que ya has estropeado todo.

¿Recuerdas lo que hablamos en el capítulo 4? Deja de evitar o simplemente esperar el fracaso y, en cambio, comienza a *prepararte* para él. Siempre que estés preparada y mires hacia delante, podrás encontrarte con sueños inesperados cuando "fracases" en lo que pensabas que debías hacer.

Las inseguridades, las expectativas y la presión por demostrar quién eres serán barreras entre tú y la vida para la cual fuiste creada, solo si tú se los permites.

Tu propósito cobrará vida si te permites decir que sí y dar un paso adelante, incluso cuando preferirías quedarte sentada.

Por eso oro para que derribes los muros cuando preferirías construirlos bien alto. Oro para que te rías sin temor y permitas que tus imperfecciones sean el punto de partida para tu próximo paso intencionado.

Los que dan grandes pasos toman posesión de la tierra. Los que toman posesión de la tierra destruyen las barreras. Los que destruyen las barreras crean libertad, y los que crean libertad moldean la cultura y cambian el mundo. Son de las pocas personas que saben cómo hacer algo pequeño que luego se transforma en algo grandioso: con manos humildes y corazones valientes.

Sé una de esas personas. Deja de ser pasiva y comienza a vivir con pasión. No esperes que algo bueno te suceda, *sé* ese algo bueno. Haz cosas difíciles aun cuando la vida sea difícil, en el lugar en donde te encuentras, con los recursos que están a mano. Empieza con lo pequeño, porque los pequeños triunfos crean grandes victorias.

Estamos en un mundo que sufre, y tu "sí" —tu disposición a hacerte presente en el lugar en donde estás, en tu rincón del universo— es lo que cambiará eso. Pero decirle "sí" a algo específico implica decirle "no" a otras cuestiones. Haz que tu "sí" valga la pena. Puede ser transformador y cada uno de nuestros "sí" aportará un poquito más.

Llama a ese vecino; habla con ese compañero de trabajo; da el primer paso para comenzar tu empresa. No es necesario ver todo el camino para vivir tu propósito, y no necesitas dinero, títulos ni todos los planes definidos para dar un paso. Solo necesitas dar un "sí" rotundo y dar ese paso glorioso, complicado, sagrado y humilde de una vez por todas.

Y cuando te equivoques, aprende de tus errores. Mantén tus ojos fijos en la meta, no en lo que está detrás de ti ni en lo que está a tu izquierda o a tu derecha.

Es tu turno.

¿Qué puedes hacer hoy con un corazón valiente? ¿Cuál es tu próximo gran paso para liberar el don que vive en ti y trasmitirlo al mundo desde el lugar en que te encuentras? Basta de excusas. Basta de mentiras o etiquetas. Basta de barreras. Basta de esconderte detrás de las puertas. Es tiempo de cruzar las puertas danzando. Yo te sostengo de la mano. Yo te animo.

Porque tú, hermana, no eres un accidente. No eres una labor inconclusa. Eres una mujer con un propósito, elegida especialmente para cambiar el mundo. Deja de intentar ser sofisticada y compararte con los demás. Simplemente, da la cara y sé fiel dondequiera que estés en tu travesía, con los recursos que tienes en este instante. No permitas que la presión por demostrar quién eres se interponga en tu camino. Y mira lo que sucede.

Preparada, lista, *cada día es tuyo.*

RECONOCIMIENTOS

A Matt, mi amor, por haberme mirado a los ojos cuando casi renuncio y haberme recordado quién soy, por haber escuchado las infinitas ideas y las ediciones en largos viajes en automóvil, y por amarme tanto como para escucharme de verdad y darme opiniones honestas y santas. No solo has ayudado a moldear estas páginas en lo que se han convertido, sino a la mujer y a la esposa en la que me he convertido. Me desafiaste a aferrarme a mi propósito en los días en que quería renunciar. No podría haber hecho esto sin ti.

A mi mamá, por tu dedicación constante como mi seguidora número uno. Has sido el viento bajo mis frágiles alas y me has enseñado a volar. Tu fidelidad hacia Dios y tu compromiso con nuestra familia fueron los ejemplos de propósito más increíbles que he visto en la vida. Gracias por desafiarme a soñar, por animarme a orar y por recordarme que debo descansar. Estas páginas tienen vestigios indiscutibles de tu corazón y estoy muy agradecida por eso.

A mi papá, por haberme enseñado a vivir la vida con osadía. Tu dedicación a la excelencia y tu gran corazón por las personas cambian el mundo de los que te rodean. No solo me has protegido, sino que también me has dado libertad. Cuando me fui de casa a los dieciocho años, te prometí que honraría tu apellido. Quizá ese apellido no esté impreso en la tapa de este libro, pero espero que sepas que ha influenciado las palabras que contiene.

A Nick, por ayudarme a tener el tipo de fe con la que se camina sobre el agua. No solo eres mi hermano, sino que también eres mi mejor amigo. Gracias a ti aprendí cómo perseverar y confiar en la fidelidad de Dios contra todo pronóstico. Eres un regalo y un ejemplo. Te quiero.

A mi abuela y a mi abuelo, por haberme dado cimientos firmes y un ejemplo del trabajo duro, el servicio y el propósito en la vida cotidiana. Su devoción, su exhortación y su honestidad renovadora me desafían a enfocarme en lo más importante. Han desempeñado un papel primordial en el proceso de convertirme en la persona que soy hoy, y estaré eternamente agradecida por eso. Les mando mi amor y mis abrazos a ambos.

A Susan Tjaden y al equipo de WaterBrook, por haber creído en mí cuando ni siquiera yo creía en mí misma. No solo vieron potencial, sino que vieron más allá de esto.

Siempre estaré agradecida por su arduo trabajo y dedicación a la excelencia. Muchas gracias.

A mis maestros, mis amigas y mis familiares, por haberme ayudado cuando sentía inseguridades, por haberme recordado mi identidad y por haberme defendido en cada momento. Los mensajes a altas horas de la noche, las sesiones de lluvia de ideas, las oraciones con propósito y la motivación interminable han hecho la diferencia en la creación de este libro. Le agradezco a Dios por cada uno de ustedes. Ustedes saben quiénes son.

A mi querido equipo de presentación, por haber creído en este proyecto y por haberme alentado tanto. Realmente no podría haber hecho esto sin ustedes.

NOTAS

1. Ver Marcos 8:36.
2. Dr. Jordan Peterson, "Biblical Series IX: The Call to Abraham" [Series Bíblicas IX: El llamado de Abraham], en <https://jordanbpeterson.com/transcripts/biblical-series-ix>.
3. Ver Santiago 5:16.
4. Brené Brown, *Rising Strong: How the Ability to Reset Transforms the Way We Live, Love, Parent, and Lead,* New York: Random House, 2015, p. 4. [Trad. Esp. *Más fuerte que nunca*, España: Urano, 2016].
5. Ver 2 Corintios 10:5.
6. Ver Filipenses 2:14-15.
7. Perfectionism. (s.f.). En *Merriam-Webster.com*. Recuperado de <http://www.merriam-webster.com/dictionary/perfectionism>.

8. "Perfectionism" [Perfeccionismo], *Psychology Today*, <http://www.psychologytoday.com/basics/perfectionism>, énfasis añadido.

9. Dr. Wayne W. Dyer, Facebook, 26 de noviembre de 2009, <http://www.facebook.com/drwaynedyer/posts/i-am-a-human-being-not-a-human-doing-dont-equate-your-self-worth-with-how-well-y/185464583996>.

10. Proverbios 4:23, NVI.

11. Ver Eclesiastés 2:24.

12. Claire Gibson, "Making Room for the Stranger" [Haciendo lugar para el forastero], *She Reads Truth* (blog), <https://shereadstruth.com/2019/05/14/making-room-for-the-stranger>.